W0195757

Kinder erleben die Sinne

Kinder erleben die Sinne

spielerisch • pädagogisch • kreativ

herausgegeben von
Gabriele Roß

illustriert von
Ulla Häusler

Pattloch Verlag

Die Deutsche Bibliothek - CIP-Einheitsaufnahme

Kinder erleben die Sinne:
spielerisch – pädagogisch – kreativ /
hrsg. von Gabriele Ross. Ill. von Ulla Häusler. -
Augsburg: Pattloch, 1995
ISBN 3-629-00236-6
NE: Ross, Gabriele [Hrsg.]; Häusler, Ulla

Es ist nicht gestattet, Abbildungen dieses Buches zu scannen, in PCs
oder auf CDs zu speichern oder in PCs/Computern zu verändern oder einzeln
oder zusammen mit anderen Bildvorlagen zu manipulieren, es sei denn
mit schriftlicher Genehmigung des Verlages.

Gedruckt auf umweltfreundlich chlorfrei gebleichtem Papier.

Pattloch Verlag, Augsburg
© Weltbild Verlag GmbH, 1995
Satz: 11/12^1/$_2$ P. Palatino von Uhl + Massopust, Aalen
Druck und Bindung: Druckerei Appl, Wemding
Printed in Germany

ISBN 3-629-00236-6

Inhalt

Vorwort

Was sind sinnvolle Spiele? Ganz einfach alle Spiele, welche die Sinne anregen!

Die Sinne sind die Kanäle, über die wir uns selbst und die Welt um uns herum erfahren. Sie sind die Grundlage und der Motor des Lernens. Wer alle seine Sinne beieinander hat, ist wach und neugierig und damit aufnahmefähig und lernfähig. Deshalb ist es so wichtig, daß Kinder mit allen Sinnen spielen und lernen. Sie brauchen viele Gelegenheiten zum Bewegen, Tasten, Sehen, Hören, Riechen und Schmecken. Sie müssen viele Erfahrungen sammeln können mit den Augen und den Ohren, mit Mund und Nase, mit den Händen und mit dem ganzen Körper. Das ist der beste Weg zu einer gesunden körperlichen, geistigen und seelischen Entwicklung!

In diesem Buch finden Sie Informationen über die Sinne und das, was sie leisten.

Warum sind Streicheleinheiten für Kinder so wichtig? Warum braucht ein Kind zum Beispiel fürs Lesenlernen nicht nur die Augen, sondern auch einen gut funktionierenden Gleichgewichtssinn? In einfacher und verständlicher Form werden diese Zusammenhänge beschrieben.

Vor allem aber will das Buch ein ganz praktischer Ratgeber für sinnvolle Spiele sein. Es liefert eine Menge von Ideen, wie Kinder spielerisch und mit Spaß ihre Sinne entdecken und erleben können. Alle diese Erfahrungen sind Bausteine für die Entwicklung eines Kindes – und ungleich wertvoller als Stunden vor dem Fernseher oder vor einem Computerspiel.

Sinnvolle Spiele müssen keine großartigen Aktionen sein. Oft genügt eine kleine Idee, um ein Spiel zu beginnen und auszubauen. Oft reizen alltägliche Dinge zu Spielen voller sinnenfroher Erfahrungen. Ohne großen Aufwand und mit wenig Material können alle Sinne angeregt werden. Hauptsache, es macht den Kindern Spaß! Und vielleicht entdecken auch wir Erwachsenen beim Mitspielen mit Genuß wieder unsere Sinne.

Kinder entwickeln sich sinn-voll

Stellen Sie sich ein Baby vor, das bäuchlings auf einer Decke liegt: Es wippt auf der weichen Unterlage vor und zurück, patscht auf die Decke, hebt den Kopf, sieht eine Rassel, greift danach, klopft mit dem scheppernden Spielzeug und nimmt es schließlich in den Mund. In diesen wenigen Momenten passiert eine ganze Menge. Das Kind lernt! Und zwar mit allen Sinnen, ganz von selbst.

Denken Sie an einen Dreijährigen, der im Kies buddelt, Steine befühlt, sortiert und mit ihnen klopft und scheppert! Oder beobachten Sie auf einem Spielplatz all die kleinen Akrobaten, wenn sie hüpfen, schaukeln, rutschen und klettern! Was tun die Kinder dabei? Sie trainieren ihre Sinne!

Kinder entdecken ihre Sinne ganz von selbst und sammeln laufend sinnvolle Erfahrungen. Was sie brauchen, ist eine anregende Umgebung und eine liebevolle Begleitung durch die Eltern. Wenn Kindern viele Gelegenheiten geboten werden zum Entdecken und Ausprobieren, zum Fühlen und Empfinden, dann können sie ihre Sinne schärfen, und das heißt: lernen.

Die Sinne sind die Grundlage allen Lernens. Nur wenn alle Sinne gut funktionieren, kann ein Kind die Erfahrungen sammeln, die es braucht, um sich die Welt zu erobern. Wir Erwachsenen müssen uns keine Gedanken mehr darüber machen, wie wir aufrecht gehen oder eine Treppe hochsteigen, wie wir

eine Tasse oder einen Stift in die Hand nehmen, wie wir sehen und hören, riechen und schmecken. Alles läuft automatisch ab, und das ist das Ergebnis einer im wahrsten Sinne des Wortes sinn-vollen Entwicklung.

Das Sinnessystem ist ein Wunderwerk an unzähligen Feinheiten. Die Entwicklung der Sinne beginnt schon im Mutterleib, sie verläuft rasant im Baby- und Kleinkindalter und verfeinert sich ganz kontinuierlich bis zum Schulalter. Baustein für Baustein wird in der Sinnesentwicklung zusammengesetzt, bis die Kinder schließlich gerüstet sind fürs Lesen-, Schreiben- und Rechnenlernen in der Schule. All die Fähigkeiten, die dann verlangt werden, haben ihre Ursprünge in der frühen Sinnesentwicklung.

Die frühen Sinne

Wer alle seine Sinne beieinander haben will, muß nicht nur sehen, hören, riechen und schmecken können. Das Grundgerüst unseres Sinnessystems sind vielmehr drei Sinne, die sich schon sehr früh entwickeln: der Tastsinn, der Gleichgewichts- und der Bewegungssinn. Man nennt sie auch die Basis-Sinne. Sie sind uns nicht mehr bewußt, steuern aber unser ganzes Tun und alle unsere Empfindungen.

Diese frühen Sinne sind, wie auch das Hören, schon beim Ungeborenen angelegt. Wenn ein Kind zur Welt kommt, bringt es also bereits einiges an ‚Hintergrundwissen' mit. Das Neugeborene hat freilich eine enorme Leistung vor sich: Es muß diese frühesten Sinnessysteme an eine völlig neue Umgebung, an ein neues Element anpassen und gewöhnen. Vielleicht können wir Erwachsene uns das am ehesten vorstellen, wenn wir an unsere ersten Schwimmversuche denken!

Der Tastsinn

Das Ungeborene spürt im Mutterleib gegen Ende des zweiten Schwangerschaftsmonats bereits Berührungen. So entsteht der Tastsinn – oder besser: zunächst der Spürsinn. Die hochempfindlichen Nervenzellen der Haut sind dafür zuständig. Sie zeigen später nicht nur Temperatur, Druck oder Schmerz an, sondern sie „füttern" das Gehirn auch ständig mit Nachrichten und sorgen für das Wohlbefinden. In der Fachsprache heißt es „taktiles System".

Der Gleichgewichtssinn

Er sitzt im Innenohr und sorgt dafür, daß wir sozusagen trotz der Schwerkraft der Erde mit beiden Beinen fest auf dem Boden stehen können. Mit Hilfe dieses Sinnes können wir auch Gegenstände fixieren, Entfernungen, Lage und Schnelligkeit erkennen. Ein kleines Kind muß das alles allmählich lernen und braucht deshalb viele Anregungen für den Gleichgewichtssinn, bis es aufrecht und stabil das Leben meistern kann.

Der Bewegungssinn

Ohne daß wir es merken, arbeitet dieser Sinn ständig. Er steckt in den Sinneszellen von Muskeln, Gelenken und Sehnen des ganzen Körpers und liefert von dort Nachrichten ans Gehirn über die Lage, die Stellung und die Bewegung unseres Körpers. Jede feinste Bewegung, jeder Druck, jede Veränderung wird registriert. Ob wir also schieben, ziehen, sitzen, liegen, rennen oder einen Purzelbaum schlagen – durch den Bewegungssinn „weiß" jedes Körperteil haargenau, was es zu tun hat.

Die Arbeit der Sinne

Die drei frühen Sinne sind die Grundlagen der Entwicklung. Sozusagen das Fundament, auf dem alles aufbaut. Viele Leistungen, die vom Kind später verlangt werden, hängen von diesen Basis-Sinnen ab.

Wenn ein Kind lesen und schreiben lernt, muß es nicht nur gut sehen können. Es muß mit seinen Augen bei einem Wort bleiben oder die Zeile finden. Dafür braucht es einen stabilen Gleichgewichtssinn, da sonst alles verschwimmt. Es muß mit der Hand den Stift richtig halten können. Dafür braucht es ein gutes Tastempfinden, damit es fühlt, wie der Stift in der Hand liegt und wie fest es aufdrücken muß. Und zugleich braucht es einen sicheren Bewegungssinn für die Schreibhaltung, sonst sind Körper und Schrift verkrampft oder fahrig.

Wenn ein Kind einen Ball fangen will, muß es viele Dinge gleichzeitig tun. Es muß mit den Augen den Ball fixieren und die Bahn des Balles verfolgen – der Gleichgewichtssinn hilft dabei. Es muß Körper und Arme so zu bewegen wissen, daß es den Ball erwischen kann – der Bewegungssinn steuert mit. Es muß schließlich die Größe des Balles abschätzen und ihn festhalten können – der Tastsinn ist gefragt.

So viele Feinheiten für eine einzelne Tätigkeit!

An den Beispielen läßt sich gut ablesen, wie eng die Sinne zusammenarbeiten müssen und wie schnell sie funktio-

nieren müssen. Bei jeder Empfindung geht sozusagen in Windeseile die Post ab: Alle Muskeln, Gelenke, Organe, die Haut und die Sinnesorgane am Kopf schicken ihre Reize zum Gehirn, und dort werden alle diese Informationen verarbeitet, gespeichert und umgemünzt in passende Reaktionen. Wahrnehmung heißt dieser höchst komplizierte Vorgang.

Natürlich können wir nicht alle sinnlichen Eindrücke bewußt wahrnehmen. Das Gehirn leistet dabei die Arbeit eines Computers: Es wählt aus, es vergleicht das Neue mit schon Vorhandenem, sortiert und verknüpft, schafft Ordnung und speichert das Ganze. Je öfter eine Erfahrung gemacht wird, desto besser ,sitzt' das Gelernte. Je

mehr sinn-voller Inhalt im Gehirn verankert ist, desto größere Zusammenhänge können hergestellt werden. Ein Netz, das durch jeden neuen Anknüpfungspunkt um ein Vielfaches größer wird. Oder ein Baum, der sich an jedem Ast wieder und wieder verzweigt. So könnte man sich das Gehirn ungefähr vorstellen. Die Sinne sind gleichsam die Nährstoffe fürs Gehirn.

Kein Wunder also, daß ein Kind viele, viele Erfahrungen und viel Übung braucht, damit das Sinnessystem und die Arbeit im Gehirn so reibungslos, so perfekt und so schnell funktioniert. In den ersten sieben Lebensjahren werden alle diese Fähigkeiten aufgebaut, die auch die Grundlage der Intelligenz sind.

Da hoppelt was auf deiner Nas

Krabbelspiele und hautnahe Erlebnisse für kleine Kinder

Kinder brauchen viele hautnahe Erlebnisse: streicheln, kitzeln, kuscheln, schmusen, drücken, reiben, massieren… Vielfältige Berührungen regen den Tastsinn an. Denn dieses „taktile System", wie es in der Fachsprache heißt, baut auf den eigenen Körpererfahrungen auf. Die erste Stufe ist der Spürsinn. Ein Kind muß sich selbst und seinen Körper sicher spüren und wahrnehmen, damit es auch das Außen entdecken kann. Alle Berührungen gehen sozusagen „unter die Haut" und sorgen so für die erste Orientierung.

Man hat herausgefunden, daß dieser Spürsinn auch für das Gefühlsleben ungeahnte Bedeutung hat. Kinder müssen Zuneigung hautnah spüren, damit sie Vertrauen und Gefühlsbindung entwickeln können. Berührungen und Liebkosungen schaffen Rückhalt und Sicherheit, das Kind fühlt sich angenommen. Die Haut vermittelt Wohlbefinden. Nicht umsonst sagt man: „Ich fühle mich wohl in meiner Haut."

Spiele zum Spüren und Fühlen machen Kindern meistens einen Riesenspaß. Das kennen alle Eltern: Kleinkinder quietschen bei Krabbel- und Kitzelspielen vor Vergnügen. Und die Größeren genießen den Spürsinn nicht weniger.

Einseifen, massieren, rubbeln

Babies machen wichtige Hauterfahrungen beim Wickeln und in der Badewanne: einseifen, massieren, eincremen, trockenrubbeln – das alles sind intensive Körpererlebnisse, die den Sinn für die Haut wecken und schärfen. Auch später brauchen die Kinder immer wieder Anregungen für diesen Spürsinn. Badewannenspiele mit Wasser, Seife und Schaum sind deshalb immer sinnvolle Spiele. Und beim Masseur-Spiel kann jeder so richtig durchgeknetet werden. Die Kinder tauschen gern die Rollen und sind einmal der Patient, einmal der Masseur.

Tiere auf dem Rücken

Lauter Tiere gehen auf dem Rücken spazieren! Probieren Sie mit Ihrem Kind aus, wie sich das anfühlen könnte! Die Hände trampeln wie Elefanten über den Rücken, krabbeln wie Ameisen oder schleichen wie eine Katze. Beim gegenseitigen Probieren, Vormachen und Raten entstehen wahrscheinlich viele Ideen: Ein Hase hoppelt, ein Vogel hüpft, ein Pferd trabt oder eine Schlange kriecht über den Rücken.

Erde, Sand und Wasser

Erde, Sand und Wasser gehören zum sinnvollsten Spielmaterial überhaupt. Man kann im Sand Arme, Füße oder den ganzen Körper einbuddeln, auf einzelne Körperteile Sand rieseln lassen, mit den Händen zu zweit von zwei Eingängen aus einen Tunnel graben, bis sich die Hände unterirdisch begegnen. Oder die Kinder werden mit Wasser und Sand wie Schnitzel paniert. Im Sand wird man fündig, was Spielideen betrifft! Und alle diese sandigen Aktionen regen den Spürsinn kräftig an.

Besonderen Spaß macht es natürlich, mit Sand oder Erde und Wasser zu matschen. Gönnen Sie Ihrem Kind das Vergnügen! Es sammelt dabei eine Menge an wichtigen sinnvollen Erfahrungen, die Sie ihm mit teurem Spielzeug längst nicht in dieser Fülle vermitteln können. Und das bißchen Dreck ist im Sommer im Nu mit dem Gartenschlauch weggespritzt – noch ein sinnenfrohes Vergnügen für die Kinder!

Windhauch

Ein Spielpartner schließt die Augen, der andere bläst ihm ganz sachte auf eine Körperstelle. Wo war der Wind?

Kitzelfeder und Schneeflocke

Bei diesen Spielen geht es darum, feine Berührungen am Körper zu spüren. Ihr Kind schließt die Augen und Sie kitzeln es mit einer Feder an irgendeiner Körperstelle. Errät es, wo die Feder war? Im Sommer kann man daraus ein Gänseblümchenspiel machen und im Winter ein Schneeflockenraten. Ein winziges Wattefläumchen ist die Schneeflocke, die dem Kind auf die Nase, aufs Ohr, auf die Stirn oder auf die Hand fliegt. Auf jeden Fall sollten Sie immer wieder die Rollen tauschen. Es macht viel mehr Spaß, wenn jeder mal kitzeln und mal raten darf.

Eine schwierigere Variante: Das Kind wird an zwei Stellen gleichzeitig berührt und soll das dann beim Spielpartner nachmachen.

Gespensterhand

Ihr Kind ist das versteckte Gespenst: Es kauert ganz still unter einem Bettlaken. Sie nähern sich und tasten vorsichtig über den Körper, um die Gespensterhand zu finden und das kleine Gespenst aus seiner Starre zu erlösen. Erst wenn Sie die Hand gefunden haben, darf es aus dem Versteck kommen. Man kann auch zusätzlich Kissen, Decken, Bälle oder andere Gegenstände unter dem Laken auftürmen, dann wird die Suche schwieriger. Absolut spannend ist es für Kinder im Versteck, wenn das Ganze mit viel Hokuspokus, Erzählungen und Irrtümern vonstatten geht – wenn Sie etwa den Kopf für einen Ball halten oder vor einem Fuß erschrecken.

Kitzeltage

Sie kitzeln Ihr Kind – aber vorsichtig! – und fragen dabei jedesmal „Wann bist du kitzlig? Am Montag?" oder „Wann bist du kitzlig? Am Dienstag?" Das Kind antwortet immer mit „Nein" und versucht, möglichst nicht zu lachen. Alle Wochentage werden so erfragt, bis zum Sonntag. Wenn der Gekitzelte aber lacht, werden die Rollen vertauscht.

Das Paketspiel

Hier werden Kinder „verpackt"! Das geht am besten mit großem Papier von der Rolle oder aber mit einem alten Leintuch. Seidenpapier, falls zur Hand, fühlt sich besonders schön an. Wickeln Sie Ihr Kind wie ein kostbares Paket vorsichtig ein und verschnüren Sie das Päckchen auch noch locker. Aber Achtung! Die Kinder reagieren unterschiedlich. Wenn Sie merken, daß sich Ihr Kind unwohl fühlt, packen Sie es wieder aus oder lassen auf jeden Fall ein Guckloch frei. Meistens macht es aber viel Spaß, wenn das „Paket" dann auch noch verschickt wird: Es wird als Geschenk zu Papa, Oma oder Opa getragen, und die dürfen die lebendige Überraschung dann auspacken.

Teppichklopfer

Der ‚Teppichklopfer' kann ein Stielschwamm sein oder eine neue Fliegenklatsche. Damit können Sie Ihr Kind mit einer wohligen Klopfmassage verwöhnen. Wie ein Teppich wird der ganze Körper durchgeklopft.

Abstauben von Kopf bis Fuß

Spiele zum Kitzeln und Spüren machen Kindern unglaublich viel Spaß. Wer will, kann das „Abstauben" ausprobieren. Man braucht dazu nur einen – natürlich sauberen – Staubwedel oder ein Staubtuch. Von Kopf bis Fuß werden die Kinder abgestaubt, also ganz behutsam rundum sauber gefächelt. Wenn Sie mal mit Ihrem Kind die Rollen tauschen, werden Sie selbst merken, wie wohlig und anregend das Abstaubspiel ist.

Papierkind

Man braucht möglichst großes Papier. Das Kind legt sich mit leicht ausgebreiteten Armen darauf und Sie umfahren den ganzen Körper. Den Umriß kann Ihr Kind dann – eventuell mit Ihrer Hilfe – ausschneiden. Gesicht, Körper und Kleidung werden aufgemalt, und fertig ist das Papierkind. Man kann es im Kinderzimmer an der Wand aufhängen und von Zeit zu Zeit ein neues Exemplar herstellen. Dann erleben die Kinder staunend, wie schnell sie wachsen und sich verändern.

Der Körperumriß ist eine gute Möglichkeit für Kinder, eine Vorstellung vom Körper zu bekommen und die einzelnen Körperteile kennenzulernen.

Fühl-Geschichten

Fühl-Geschichten

Die Rückenschnecke

Diese Geschichte wird auf dem Rücken „erzählt". Ihr Kind sitzt oder liegt auf dem Bauch. Sie malen mit der Hand jeweils auf den Rücken, was gerade passiert.

Im Schneckenhaus ganz innen drin,
da schläft die Schnecke Ann-Kathrin.

> (eine Spirale von innen nach außen auf den unteren Teil des Rückens malen)

Jetzt wacht sie auf und kriecht heraus.

> (mit den Fingern auf der Stelle klopfen)

Sie kriecht bis oben hin,
die Schnecke Ann-Kathrin.

> (mit zwei Fingern langsam rechts und links der Wirbelsäule hochkrabbeln)

Sie schaut sich um,
kriecht rundherum

> (im Nacken und im Schulterbereich rundherum krabbeln)

und sagt: „Bei diesem Wetter,
da ist's im Bett viel netter!"
Stück für Stück

> (mit den Fingern entlang der Wirbelsäule zurück nach unten krabbeln)

kriecht sie zurück,
legt sich dann drin zur Ruh
und sperrt die Haustür zu.

> (eine Spirale von außen nach innen malen, bei „zu" mit einer Drehbewegung auf dem Rücken „zusperren")

Der Bär und der Floh

Ihr Kind spielt den Bären aus der Geschichte, der den Floh fangen will. Ihr Zeigefinger ist dabei der Floh, der sich auf die einzelnen Plätze setzt.

„Es war einmal ein Bär. Der schlief tief und fest vor seiner Höhle. Da kam ein kleiner Floh dahergesprungen und setzte sich dem Bären in den dicken Pelz. Genau auf den Kopf. ‚Patsch‘ machte der Bär und versuchte, den Floh mit seiner Tatze zu erwischen. Aber der Floh sprang weiter. Genau auf das Ohr des Bären. ‚Patsch‘ machte der Bär und versuchte, den Floh zu erwischen. Aber der Floh sprang weiter. Genau auf die Schulter des Bären. ‚Patsch‘ machte der Bär und versuchte, den Floh zu erwischen. Aber der Floh sprang weiter. Genau auf den Bauch des Bären. ‚Patsch‘ machte der Bär und versuchte, den Floh zu erwischen. Aber der Floh sprang weiter. Genau auf den Fuß des Bären. Das kitzelte so sehr, daß der Bär ganz furchtbar lachen mußte. Er schüttelte sich vor Lachen und da flog der Floh im hohen Bogen davon.“

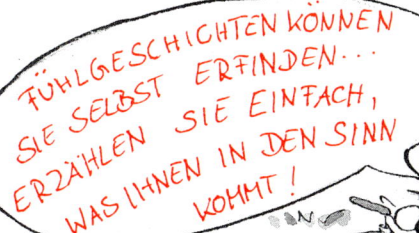

FÜHLGESCHICHTEN KÖNNEN SIE SELBST ERFINDEN... ERZÄHLEN SIE EINFACH, WAS IHNEN IN DEN SINN KOMMT!

Krabbelvers

Da hoppelt was auf deiner Nas

Da hoppelt was auf deiner Nas.
Ich glaub, es ist ein kleiner Has.
Da krabbelt was auf deinem Arm.
Ich glaub, es ist ein Bienenschwarm.
Da trippelt was auf deinem Kopf.
Ich glaub, es ist ein Wiedehopf.
Da schnüffelt was an deinem Bein.
Ich glaub, es ist ein dickes Schwein.
Da trampelt was auf deiner Hand.
Ich glaub, es ist ein Elefant.
Da kitzelt was auf deinem Bauch,
und an den Zehen auch.
Kribbel-krabbel, kribbel-krabbel,
das ist der Käfer Zippelzappel.

Das Flugzeug

Ihr Kind spielt das Flugzeug und macht zu der Geschichte, die Sie erzählen, die Bewegung und Geräusche:

Hier steht ein Flugzeug am Start,
gleich fliegt es los, aber wart!
Da vorne dran ist der Propeller,
der dreht sich und saust immer schneller!
(an der Stirn des Kindes kreisen)

Da hinten dran ist der Motor,
der dröhnt dir bestimmt gleich im Ohr!
(am Rücken kreisen)

Jetzt klapp die Flügel aus,
und los geht's mit Gebraus!
(Kind breitet die Arme aus und fliegt los)

Das Zwick-Spiel

Das Kind wird zuerst an einer Stelle sanft gezwickt, dann – auf „zwick-zwack" – an zwei und dann – auf „zwick-zwack-zwuck" an drei Körperstellen. Anschließend soll das Kind die ganze Zwick-Geschichte beim Spielpartner nachmachen.

Zwick, Herr Gick!
Zwick-zwack, Herr Gack!
Zwick-zwack-zwuck, Herr Guck!

Ideenkiste

Was man noch alles für den Spür-Sinn tun kann:

- mit Blättern kitzeln

- mit Hautcreme oder Rasierschaum einreiben

- Bierdeckel auf den Körper fallen lassen

  - mit einem trockenen Waschhandschuh abrubbeln

- „Im Schönheitssalon" oder „Beim Friseur" spielen

  - „Salzstreuer" spielen: Sand auf den Körper rieseln lassen

- mit Tennisbällen auf dem Körper rollen

  - Plätzchen verzieren: mit einem Pinsel auf den nackten Rücken malen

- verschiedene Bürsten zum Massieren und Rubbeln ausprobieren

  - mit einem Schneeball einreiben

- ein Nest aus Heu bauen und sich darin verkriechen

  - sich in einem Laubhaufen verstecken

Hart oder weich?
Rauh oder glatt?

Tastspiele bringen Kindern greifbare Erfolge

Der Tastsinn ist ein wichtiger Motor für die Entwicklung und für die Intelligenz: Be-greifen kommt von greifen! Das Baby macht seine ersten Erfahrungen mit der Umgebung, indem es nach den Dingen greift und sie festhält. So ergreift ein Kind Besitz von der Welt! So tastet es sich an all das Neue heran!

„Nicht anfassen!" – dieses Verbot sollten Kinder deshalb so selten wie möglich hören, denn es bremst die Neugier, die Entdeckungsfreude und damit die gesunde Entwicklung.

Der Tastsinn gilt als der elementarste Sinn überhaupt. Mit dem Bewegungs-

und dem Gleichgewichtssinn zusammen liefert er dem Gehirn von Anfang an eine Unmenge an Informationen, die dort geordnet und gespeichert werden: lauter Erfahrungen, auf denen alle weiteren Sinnesleistungen wie Sehen, Gehen oder Hören dann aufbauen können. Der Tastsinn ist schließlich der erste und der direkteste Draht zur Umwelt, und er bringt den Kindern in der Tat greifbare Erfolge.

Alle Tastspiele regen diesen wichtigen Sinn an. Und sie machen Kindern immer wieder Riesenspaß, weil sie spannend sind. Dabei sind nicht nur die

Hände am Werk. Tasten und Fühlen kann man auch mit den Füßen oder mit dem ganzen Körper probieren. Uns Erwachsenen sind die Leistungen des Tastsinns längst nicht mehr bewußt.

Wenn wir mit den Kindern auf Entdeckungstour gehen und tasten und raten, erfahren wir selbst vielleicht wieder die Spannung und den Genuß von Tasterlebnissen.

Tastsack

Das einfachste und bekannteste Tastspiel: In einem kleinen Sack lassen wir verschiedene Gegenstände verschwinden. Die Kinder sollen dann mit beiden Händen in den Sack greifen und durch Tasten die Dinge erraten. Schwieriger wird es, wenn man nur mit einer Hand tasten darf.

Sie können das Spiel, je nach dem Alter des Kindes, leichter und schwieriger gestalten und sich alle möglichen Aufgaben ausdenken. Ganz unterschiedliche Gegenstände in Form und Größe – ein Löffel, ein kleiner Ball, ein Baustein etwa – lassen sich leicht ertasten. Größere Dinge sind einfacher zu unterscheiden als kleine. Kniffliger wird es, wenn im Sack zum Beispiel lauter Bälle erkannt werden sollen: ein Plastikball, ein Gummiball, ein Tischtennisball und ein Tennisball. Und das ist eine Aufgabe für Könner: Lauter kleine und sehr ähnliche Spielzeugautos vom Rennwagen bis zum Polizeiauto und zum Krankenwagen sollen richtig ertastet werden.

Wörter be-greifen

Ein Kind lernt Wörter durch be-greifen. Übrigens: Auch das Wort Begriff kommt von begreifen. Viele Eigenschaftswörter bekommt ein Kind „in den Griff", indem es die Dinge befühlt und betastet. Dann kommen die Wörter wie von selbst! Rauh und glatt, hart und weich, kalt und warm, rund und eckig, dick und dünn, kuschelig, stachelig, klebrig, flauschig…

Also geben Sie Ihrem Kind viele Gelegenheiten zum Be-greifen und bieten Sie ihm die unzähligen Begriffe an! Oder legen Sie eine richtige Fühlkiste an! Mit Stoff- und Lederresten, Fellstücken, Wollknäueln, Wattebäuschen, Schaumgummi, mit Sand- und Seidenpapier, Bauklötzen und Plastikteilen. Einfach alles, was sich interessant anfühlt, paßt in die Kiste. Man kann Tast- und Ratespiele damit machen, einfach mit Lust hineinfassen oder die Gegenstände sortieren. Wer will, kann Teile aus dem Sammelsurium auch auf Karton aufkleben und so ein richtiges Fühl-Gemälde herstellen.

Aus was ist das?

Suchen Sie mit Ihrem Kind Gegenstände aus unterschiedlichen Materialien! In der Küche entdeckt man eine Menge: Kochlöffel aus Holz oder aus Plastik, ein Dosenöffner aus Metall, Geschirrtücher, Glasdosen, ein Spülschwamm, ein Topflappen, eine Papiertüte, eine Plastiktüte… Ihr Kind soll mit verbundenen Augen tasten und herausfinden, aus welchem Material die Gegenstände sind.

Knopfspiele

Wer im Nähkästchen auch eine Knöpfesammlung hat, kann damit die schönsten Tastspiele machen. Spiele gibt es genügend: „blind" die Knöpfe der Größe nach sortieren, den kleinsten suchen oder einen vorher ausgewählten, besonders dicken großen Knopf heraustasten. Wer schafft es, mit verbundenen Augen ein paar Knöpfe aufzufädeln? Dazu braucht man allerdings eine stumpfe Stopfnadel, damit´s nicht piekst!

Gleich oder verschieden?

Man braucht eine Schachtel mit mehreren Gegenständen, jeweils in zweifacher Ausführung – etwa zwei Tennisbälle, zwei Bausteine, zwei Wattekugeln… Ein Kind sucht sich mit verbundenen Augen ein Ding aus und hält es in den Händen. Der Spielpartner holt irgendein Stück aus der Schachtel und streicht dem Kind damit über den Arm und über den Handrücken. Das Raten ist gar nicht so einfach: Ist das Material gleich oder verschieden?

Sessel oder Teppich?

Erkunden Sie mit Ihrem Kind alle möglichen Materialien, die es in der Wohnung gibt! Viele Oberflächen fühlen sich unterschiedlich an: der Teppich, der Fußboden, die Fliesen, der Sessel, das Sofakissen, der Fußabstreifer, der Schrank, der Fenseher… Dann verbinden Sie Ihrem Kind die Augen und führen es zu einer bestimmten Stelle. Durch Betasten und Befühlen soll es das Material erkennen.

Blinde Baumeister

Wer kann mit verbundenen Augen aus Bauklötzen einen Turm, eine Brücke oder ein Haus bauen? Das erfordert viel Geschick und Tastgefühl. Manchmal fällt es den Kindern leichter, wenn sie die Augen nicht verbunden haben, die Hände dafür aber unter einer Decke oder einer Schachtel versteckt sind. Besonders spannend wird es, wenn ein anderer „blinder" Spielpartner das Bauwerk nachher erraten soll.

Zucker oder Mehl?

Alle Kinder helfen gern beim Backen. Bei dieser Gelegenheit können sie gleich ihr Fingerspitzengefühl erproben. Wenn die Zutaten bereitgestellt sind, darf das Kind mit geschlossenen Augen mit dem Zeigefinger ganz vorsichtig in die einzelnen Schüsseln tupfen. Errät es den Zucker, das Mehl, die Butter, die gemahlenen Nüsse und die Eier? Unbändigen Spaß macht es Kindern meist auch, Teig zu kneten, zu knautschen, zu schlagen und zu rollen. Sie verfeinern dabei ihren Tastsinn! Und Probieren und Schlecken ist natürlich auch erlaubt!

Gut verpackt

Dieses Spiel eignet sich gut für Kindergeburtstage. Die Vorbereitung: Ein kleines Geschenk wird in möglichst vielen Lagen mit Papier oder Stoff verpackt. Der Reihe nach darf dann jedes Kind eine Schicht der Verpackung entfernen. So kommt man dem Inhalt durch Tasten immer näher. Wer errät als erster, was so gut verpackt wurde?

Zauberspur

Mit Flüssigkleber kann man kaum sichtbare Zauberspuren auf Papier malen: einfache Formen und Umrisse wie einen Kreis, ein Dreieck, ein Haus, eine Wolke, einen Mond, ein Schneckenhaus… Wenn der Kleber getrocknet ist, geht es ans Raten: Ein Kind bekommt die Augen verbunden und soll die Zauberspur mit den Fingerspitzen ertasten und so die Form erkennen.

Erbsenschüssel

Mit einer großen Schüssel, gefüllt mit getrockneten Erbsen, Bohnen, Linsen oder Mais, kann man sich die schönsten Versteckspiele ausdenken. In der Schüssel wird ein kleiner Gegenstand versenkt: eine Spielfigur, eine Murmel, eine Münze oder ein Bonbon. Die Hände gehen dann auf Schatzsuche. Schon das Wühlen und Fühlen im körnigen Inhalt ist ein Genuß!

Personenraten

Wenn mehrere Kinder zusammen sind, kann man gut Personenraten spielen. Ein Kind bekommt die Augen verbunden und soll ein anderes nur durch Tasten erkennen: Ist es klein oder groß, sind die Haare kurz oder lang, was trägt das Kind für eine Kleidung? Für das Tastkind und für den zu erratenden Partner ist das eine spannende, kitzlige Sache! Und die Kinder lernen dabei, hautnah und behutsam miteinander umzugehen.

Vergrabene Schätze

Ähnlich wie in der Erbsenschüssel kann man im Sand wunderbar Schätze vergraben – ob Pfennigstücke, Perlen, Knöpfe oder Büroklammern. Zwei Schatzsucher graben zum Beispiel um die Wette nach versteckten Pfennigstücken. Wer findet die meisten? Da kommt es freilich schnell zu einem „Sandsturm" – deshalb sollten die Sandspiele besser draußen gespielt werden.

Der längste Regenwurm

Kneten ist bestes Training für kleine Kinderhände! Rollen Sie zum Beispiel mit Ihrem Kind aus Knetmasse verschieden lange Regenwürmer! Die Würmer werden ausgelegt und mit einem Tuch verdeckt. Jetzt soll Ihr Kind durch vorsichtiges Tasten und Vergleichen den längsten Regenwurm finden und herausziehen. Genausogut kann man auch den dicksten oder den dünnsten Regenwurm suchen. Oder man knetet verschieden große Kugeln und sucht dann unter dem Tuch die größte und die kleinste heraus.

Knet-Kopie

Noch ein Knetspiel zu zweit: Ein Spielpartner hat die Augen verbunden, der andere formt aus Knetmasse einen Gegenstand – eine Kugel, eine Scheibe oder eine Rolle. Der „blinde" Spieler soll die Form ertasten und dann eine Kopie davon herstellen. Dabei muß er natürlich immer wieder die Vorlage mit dem eigenen Werk vergleichen. Da sind die Hände gehörig gefordert! Mal sehen, wie gut die Kopie am Ende gelungen ist!

Gefüllte Socken

Alte Socken sind in der Spielzeugkiste besser aufgehoben als in der Kleidersammlung. Man kann sie nämlich gut für Tastspiele gebrauchen. Füllen Sie jeweils zwei Socken mit dem gleichen Material – mit Seidenpapier, Watte, Alufolie, mit Reis, Kies oder Kronenkorken. Die Socken werden an einer Schnur mit Wäscheklammern aufgehängt. Jeder Mitspieler soll nun versuchen, mit verbundenen Augen nur durch Tasten ein Paar mit dem gleichen Inhalt zu finden. Erst wenn er die beiden Socken auch noch von der Leine abgehängt hat, darf er die Augenbinde abnehmen und nachschauen, ob's stimmt.

Stachel-Dino

Schneiden Sie aus Karton frei nach Ihrer Phantasie den Umriß eines großen Dinosauriers aus! Der Dino soll am Rücken Stacheln bekommen: Das sind Wäscheklammern in allen Farben, die Ihr Kind mit geschlossenen Augen aufstecken soll.

Auch das Wäscheaufhängen kann man ohne großen Aufwand zu einem Tastspiel nutzen. Sortieren Sie zum Beispiel mit Ihrem Kind die Socken oder die Handtücher aus dem Korb – aber mit geschlossenen Augen! Wer schafft es dann, „blind" einige Socken oder Handtücher mit Wäscheklammern auf der Leine aufzuhängen?

Welcher Baum?

Ein Tastspiel beim Waldspaziergang: Sie verbinden Ihrem Kind die Augen und führen es zu einem Baum. Es soll diesen mit den Händen so gut wie möglich erkunden, also die Rinde spüren, Äste ertasten und den Stamm umfangen, um die Dicke abschätzen zu können. Mit verbundenen Augen geht es zurück zum Startpunkt. Dann erst darf sich das Kind umschauen. Erkennt es den Baum wieder, den es soeben gefühlt hat?

Füße auf Entdeckungstour

Hier gehen die Füße auf tastende Entdeckungstour. Man kann Gegenstände unter einer Decke verstecken und mit den Füßen raten, was es sein könnte. Barfuß geht das natürlich besser als mit Socken. Oder man versenkt einige Dinge in einer Wanne voller Schaumbad und versucht, die Sachen mit den Füßen zu erraten und herauszuholen. Wer kann außerdem mit verbundenen Augen auf einem Seil oder auf einem Reifen entlanglaufen?

Noch eine Idee für die Füße: Man legt im Zimmer oder auf der Wiese einige Taschentücher aus, die Kinder sollen sie barfuß und mit verbundenen Augen finden. Wer will, kann die Füße auch mit Wasser- oder Fingerfarben bemalen und Fußabdrücke machen oder mit einem Stift zwischen den Zehen malen.

Die Taststraße

Auf einer langen Tapetenrolle kann man eine richtige Taststraße herstellen. Sie brauchen dazu viele unterschiedliche Materialien, die sich gut aufkleben lassen: Teppichreste, Stoff, Plastikfolie, Sandpapier, Schaumgummi, Fell, Leder, Gardinenstücke, Eierkartons, trockene Blätter, Papier – einfach alles, was zum Tasten reizt. Jeder Mitspieler darf die Taststraße erst mal ausprobieren. Dann kann man Aufgaben stellen. Mit verbundenen Augen soll sich jeder Spieler zu einem vorher angegebenen „Straßenbelag" vorantasten. Das geht

mit den Händen, ebensogut aber auch mit den Füßen. Barfuß und mit verbundenen Augen laufen die Mitspieler dann auf der Taststraße vorwärts. Auch das Raten mit anderen Körperteilen ist einen Versuch wert: Die Kinder können sich zum Beispiel auf ein Straßenstück setzen oder mit nacktem Rücken drauflegen.

Eine variable Taststraße baut man einfach aus mehreren Schachteln, in die verschiedenes Material gefüllt wird. Die Schachteln können dann in einer Reihe ausgelegt und auch beliebig vertauscht werden, so daß das Raten mit Händen oder Füßen schwieriger wird.

Ideenkiste

Was man noch alles mit verbundenen Augen machen kann:

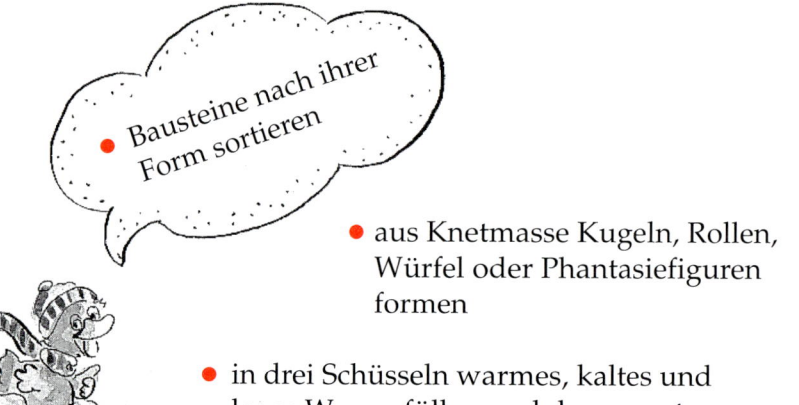

- Bausteine nach ihrer Form sortieren

- aus Knetmasse Kugeln, Rollen, Würfel oder Phantasiefiguren formen

- in drei Schüsseln warmes, kaltes und laues Wasser füllen und dann erraten

- mit ausgebreiteten Armen durch einen Raum gehen und versuchen, nirgendwo anzustoßen

- verschiedene Holztiere ertasten

- unter einer Decke Dinge verstecken, von denen es immer zwei gleiche gibt; die gleichen müssen ertastet werden

- Pfeifenreiniger zurechtbiegen, so daß bestimmte Formen entstehen

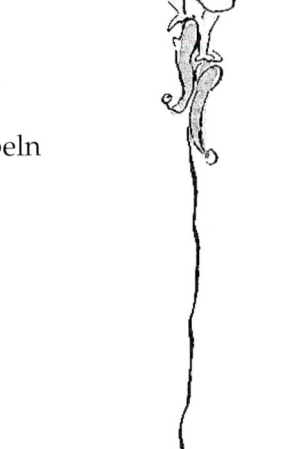

- an einem Seil entlangkrabbeln

- auf dem Boden krabbeln und in einem Topf alle Murmeln oder Bierdeckel einsammeln, die dort verstreut sind

- Münzen sortieren

- auf jede Hand einen Gegenstand legen und sagen, welcher schwerer ist

- ein quadratisches Stück Papier zum Dreieck falten oder ein Tuch zusammenlegen

- eine Schnur oder ein Bleiband (für Gardinen) zu einem Kreis legen

- die Schuhe der ganzen Familie durcheinanderwerfen und immer ein Paar heraussuchen

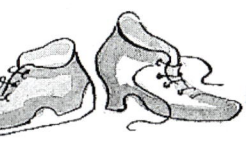

Das ist der Daumen...
Spielereien für das Fingerspitzengefühl

Wozu sind die Hände da? Zum Tasten und Streicheln, zum Festhalten und Tragen, zum Kitzeln und Kratzen, zum Werfen und Fangen… Spätestens beim Schreibenlernen müssen Kinder ihre Hände und Finger gut zu gebrauchen wissen.

Die Hände sind unser wertvollstes Werkzeug. Hier sind besonders viele Sinneszellen, dicht beieinander liegen sie vor allem in den Fingerspitzen. Daher kommt unser Fingerspitzengefühl!

Ganz allmählich lernen Kinder, ihre Hände und Finger zweckmäßig und geschickt zu benutzen. Mit etwa neun Monaten beherrscht ein Kind den Pin-

zettgriff und kann damit auch kleine Gegenstände mit Daumen und Zeigefinger packen. Mit etwa eineinhalb Jahren kann es mit dem Löffel essen und Buchseiten umblättern, mit zweieinhalb den Wasserhahn selbst aufdrehen. Und mit vier Jahren ist die Handgeschicklichkeit so weit fortgeschritten, daß auch komplizierte Dinge schon gelingen: Das Kind kann jetzt mit Reißverschlüssen und Knöpfen, mit Stiften und Schere umgehen, einen Ball fangen oder Perlen auffädeln. Griff für Griff lernt ein Kind all diese großen und kleinen „handgreiflichen" Kunststücke, und wenn es mit etwa sechs Jahren die Schuhe binden und Buchstaben schrei-

ben kann, hat es schon ein gewaltiges Pensum hinter sich.

Die Handgeschicklichkeit steht in engem Zusammenhang mit der Wahrnehmung, mit der Bewegung und der Sprache und damit auch mit der Entwicklung der Intelligenz. Es lohnt sich also, die Hände selbst zum Spielgegenstand zu machen, zu betrachten und zu erproben. Kleine Handspielereien und Fingerspiele gehören zu den sinnvollsten Kinderbeschäftigungen. Es gibt eine Fülle von überlieferten Fingerspielen, angefangen von „Das ist der Dau-

men, der schüttelt die Pflaumen…" bis zu den „Zehn kleinen Zappelmännern". Die folgenden Beispiele sollen zu weiteren Ideen rund um Hände und Finger anregen.

Bei allen Handspielereien übrigens sollen beide Hände in gleichem Maße drankommen. Und falls Ihr Kind linkshändig ist, so besteht absolut kein Grund zur Sorge. Auf keinen Fall dürfen Kinder zum Gebrauch der rechten Hand gezwungen werden, denn das kann schwere Störungen zur Folge haben.

Aufwärm-Massage

Das ist eine Wohltat für Große und Kleine: eine Hand-Massage! Streichen Sie die Hand Ihres Kindes jeweils von der Handwurzel bis zu den Fingerspitzen aus! Kreisen Sie sanft auf Handrücken und Handfläche und kneten Sie die kleine Hand vorsichtig durch! Wenn eine Hand genügend behandelt und aufgewärmt ist, lassen Sie Ihrem Kind ruhig Zeit zum Spüren, wie sie sich jetzt anfühlt. Erst dann kommt die andere dran.

Wieder streichen Sie von der Handwurzel bis zu den Fingerspitzen, kreisen sanft auf Handrücken und Handfläche.

Was kann die Hand?

Was kann man mit den Händen überhaupt alles machen? Versuchen Sie einmal, mit Ihrem Kind alle möglichen Tätigkeiten zu sammeln und auszuprobieren: streicheln, kitzeln, zwicken, boxen, schlagen, trommeln, klopfen, kratzen, zappeln…

Auf einer kleine Trommel – das kann der Deckel einer Waschmitteltonne sein – kann man viele handfertigkeiten ausprobieren: mit dem Zeigefinger sachte wie Regentropfen klopfen, alle finger tanzen lassen, mit dem Handballen trommeln oder mit der ganzen Hand lauter Donner erzeugen.

Heiße Hände

Man reibt die Handflächen fest gegeneinander. Die Kinder spüren dabei schnell, wie sich die Hände erwärmen. Wenn man die Augen schließt und langsam beide Hände immer näher zusammenführt, merkt man, welche Wärme die Hände ausstrahlen.

Lauter Hände

Betrachten Sie mit Ihrem Kind ganz genau die Hände – es gibt eine Menge zu entdecken! Auf einer Hand kann man wie in einer Landschaft spazierengehen. Man kann ausprobieren, was sich verändert, wenn man die Finger spreizt oder die Hand zur Faust ballt.

Keine Hand ist wie die andere! Das erleben Kinder staunend, wenn sie die Hände von Freunden, von Geschwistern, von Mama und Papa und Oma und Opa untersuchen dürfen.

Guten Tag, Frau Hand!

Zwei Hände besuchen sich: Krabbeln Sie mit Ihrer Hand auf dem Tisch zur Hand Ihres Kindes! Die ganze Hand wird zuerst begrüßt: *„Guten Tag, Frau Hand!"* Dann sind die einzelnen Finger dran: *„Guten Tag, Herr Daumen! Wie geht´s? Wie steht´s?"* So oder ähnlich werden alle Finger nacheinander begrüßt. Zum Schluß gehen die beiden Hände zusammen spazieren, sie verstecken sich oder sausen weg.

Handfläche gegen Handfläche

Ihr Kind hat die Augen verbunden und Sie legen Handfläche gegen Handfläche. Auf diese Weise führen Sie es zu einem Versteck oder zu einer Überraschung. Das Spiel erfordert viel Konzentration und guten Kontakt und ist eine echte Vertrauenssache! Wer sich traut, kann noch eine schwierigere Version probieren: Einer führt den anderen nur dadurch, daß sich die beiden Zeigefinger berühren.

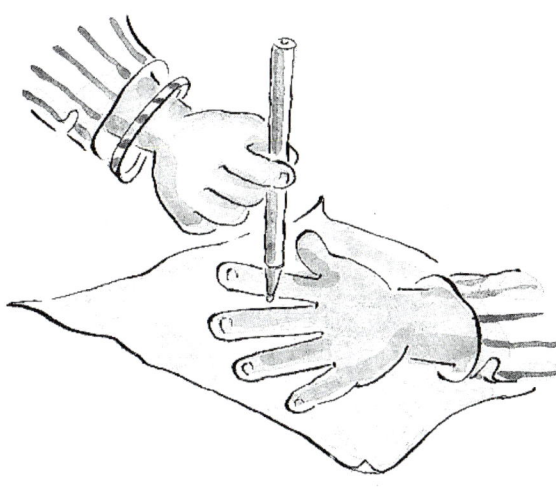

Hand-Umriß

Ihr Kind legt eine Hand mit ausgebreiteten Fingern auf ein Blatt Papier, und Sie fahren den Umriß nach. Wenn man daneben oder darauf den Umriß einer Erwachsenenhand malt, sehen die Kinder eindrucksvoll, wie ihre Hände noch wachsen werden.

Hände-Druck

Bemalen Sie die kleinen Kinderhände mit Wasser- oder Fingerfarben! Das macht Spaß, weil es in den Handflächen wohlig kitzelt. Auf Papier entsteht dann ein farbiger Hände-Druck. Fingerabdrücke sind besonders interessant, weil man die Hautlinien untersuchen und vergleichen kann. Aus solchen Fingerstempeln entstehen außerdem mit wenigen Strichen Figuren, etwa ein Käfer oder ein Mann mit dickem Bauch.

Hand-Abdrücke kann man natürlich auch im nassen Sand und in Knetmasse herstellen. Noch besser sind Salzteig oder Gips, denn da ist der Hände-Druck haltbar.

Fingerspiele

Fünf Tiere

Das ist die Katze, die macht miau.
Das ist der Hund, der macht wau-wau.
Das ist die Kuh, die macht muh.
Das ist das Schweinchen, das macht ch-ch.
Das ist die Ziege, die macht meck-meck –
und jetzt sind alle Tiere weg!

Die Finger werden nacheinander abgezählt, am Schluß wird die ganze Hand
hinter dem Rücken versteckt.

Fünf Kinder im Zoo

Fünf Kinder gehen in den Zoo,
und jeder schreit: „Ich freu mich so!"
Der erste will gleich zu den Affen,
der zweite nur zu den Giraffen.
Der dritte will den Tiger sehn,
der vierte will zum Nashorn gehn.
Der fünfte ruft: „I wo,
ich muß zuerst aufs Klo!"

Die Finger werden einfach der Reihe
nach abgezählt.

Ein Witz vom Fritz

Das ist der Hans,
und das ist der Franz.
Das ist der Knut,
und das ist die Ruth.
Der kleine heißt Fritz,
der macht einen Witz.

Die Finger werden abgezählt, der kleine Finger soll zum Schluß zappeln.

Mäuschen und Katze

Fünf kleine Mäuschen,
die sitzen im Häuschen.
Das erste kommt heraus,
das zweite kommt heraus,
das dritte kommt heraus,
das vierte kommt heraus,
das fünfte kommt heraus.
Doch was schleicht da ums Haus?
Das sieht nach Katze aus!
Die Mäuschen schrein: „Oh Graus!"
verschwinden schnell im Haus.

Das Kind macht zuerst eine Faust und
streckt dann die Finger nacheinander
heraus. Am Schluß verschwinden die
Finger wieder in der Faust.

Beim Kaufmann

Der Kaufmann steht im Laden
und fragt: „Was woll'n Sie haben?
Guten Tag, Herr Meier!
Brauchen Sie heut Eier?
Guten Tag, Herr Lange!
Vom Weißbrot eine Stange?
Guten Tag, Herr Glück!
Vom Käse dort ein Stück?
Guten Tag, Herr Klein!
Was darf's für Sie heut sein?"

Der Daumen einer Hand ist der Kaufmann und tippt Zeigefinger, Mittelfin-
ger, Ringfinger und kleinen Finger
nacheinander an. Der kleine Finger darf
sich zum Schluß selbst ausdenken, was
er kaufen will.

Stehen, gehen, balancieren
Anregungen für den Gleichgewichtssinn

Von einem sicheren Menschen sagt man, daß er mit beiden Beinen fest auf dem Boden steht, daß er einen Standpunkt hat, daß er sich nicht aus dem Gleichgewicht bringen läßt. Der Gleichgewichtssinn ist sozusagen das Standbein dieser Sicherheit. Er lenkt für uns so selbstverständliche Dinge wie aufrechtes Gehen, Stehen, Sitzen. Und er ist die Grundlage für Fähigkeiten, auf die es in der Schule ankommt: aufmerksam sein, stillsitzen, mit den Augen Dinge fixieren können. „Haltung bewahren" kann ein Kind nur, wenn das Gleichgewicht stimmt. Auf eine Sache

kann es sich nur dann konzentrieren, wenn auch der eigene Körper im Gleichgewicht ist. *In sich ruhen* kann nur, wer sich auf sein inneres Gleichgewicht verlassen kann.

Der Gleichgewichtssinn gehört zu den Sinnen, die schon in den ersten Schwangerschaftsmonaten angelegt sind. Er wird angeregt durch die Bewegungen der Mutter. Wenn Schwangere also gerne im Schaukelstuhl sitzen, so tun sie damit tatsächlich dem Embryo etwas Gutes.

Ein Kleinkind braucht etwa ein Jahr bis zum aufrechten Gehen. Ein Jahr, in

dem es die Anziehungskraft der Erde allmählich unter Kontrolle bringt. Der Gleichgewichtssinn benötigt während dieser Zeit viele Anregungen. Das Kopfheben, das Sitzen, das Robben und vor allem das Krabbeln bringen das Kind Schritt für Schritt zum sicheren Tritt. In den folgenden Lebensjahren bildet der Gleichgewichtssinn, zusammen mit dem Bewegungs- und dem Tastsinn, das Rückgrat der Entwicklung.

Kinder, die in ihren Bewegungen ungenau und unsicher sind und unbeholfen wirken, haben oft Probleme mit dem Gleichgewichtssinn. Sie brauchen umso mehr Anstöße und Hilfen, damit sie Sicherheit gewinnen können.

Kistenbrücke

Ein nicht zu schmales Brett wird an jedem Ende auf zwei leere Getränkekisten gelegt – so entsteht eine Brücke zum Balancieren. Kleine Akrobaten können eine Menge damit ausprobieren: Vorwärts, rückwärts, seitwärts, auf allen Vieren, auf den Zehenspitzen oder mit einem Partner gemeinsam über das Brett gehen, eine Verbeugung in der Mitte des Brettes machen oder einen Gegenstand vom Boden aufheben. Man kann auch wie ein Storch auf der Brücke stolzieren, einen Eimer voll Wasser oder Sand übers Brett tragen oder im Gehen alle auf dem Brett verstreuten Bonbons einsammeln. Wem fallen noch mehr Balancier-Aufgaben ein?

Seiltänzer

Ein Seil auf dem Boden genügt für einen Seiltänzer-Auftritt. Alle Mitspieler versuchen, auf Strümpfen oder barfuß möglichst aufrecht über das Seil zu laufen. Mit ausgebreiteten Armen oder mit einem Regenschirm läßt sich das Gleichgewicht besser halten. Und ganz Mutige können mit geschlossenen Augen vorwärts und rückwärts einen Seilztanz wagen, auf Zehenspitzen übers Seil gehen oder sich sogar hüpfend vorwärts bewegen.

Für größere Kinder kann man den Seiltanz schwieriger gestalten: Zwei Seile werden mit Kurven und Kreuzungen ausgelegt. Wer schafft es, mit verbundenen Augen ans richtige Ende eines Seiles zu gelangen?

Kissenlauf

Mit einem Kissen auf dem Kopf muß man ganz aufrecht und vorsichtig gehen. Probieren Sie es mit Ihrem Kind aus! Wer will, kann gemeinsam mit den Kindern eine Strecke mit einem Ziel für den Kissenlauf bestimmen. Viel leichter geht das Kunststück allerdings mit einem Sandsäckchen oder einem Reisbeutel auf dem Kopf. Das ist deshalb eine gute Vorübung für den Kissenlauf.

Balancierkünstler

Spielplätze sind meist ein ideales Trainigsfeld fürs Gleichgewicht. Schaukel, Rutsche, ein kleines Karussell, vielleicht eine Hängebrücke oder eine Strickleiter zum Klettern und Balken zum Balancieren – lauter Dinge, die den Gleichgewichtssinn anregen und viel Spaß machen. Aber auch jeder gefällte Baumstamm bei einem Spaziergang im Wald lädt zum Balancieren ein. Und sogar das Plattenmuster auf dem Gehsteig oder die Bordsteinkante sind beste Gelegenheiten dazu. Die Kinder nutzen sie von selbst!

Der Storch

Wer kann am längsten auf einem Bein stehen? Wie ein Storch, der Ausschau hält nach Fröschen im Sumpf. Ein paar grüne Legosteine oder Knöpfe können am Boden als Frösche ausgelegt werden. Der Storch soll auf einem Bein stehen und die „Frösche" gleichzeitig zählen. Das ist nicht nur für den Gleichgewichtssinn, sondern auch für die Augen eine gute Übung.

Storchenkampf

Zwei „Störche" stehen sich auf einem Bein gegenüber. Sie kämpfen miteinander und jeder versucht, den anderen so zu schubsen, daß er sich auf beide Beine stellen muß.

Zeitungs-Inseln

Jeder Mitspieler bekommt zwei zur Hälfte gefaltete Zeitungsseiten, stellt sich auf eine Seite und legt die andere vor sich hin. Auf diesen papierenen Inseln soll sich jeder bis zu einem Ziel vorwärts bewegen. Dabei muß man immer auf einer Seite stehen und die andere wieder nach vorne legen. Hauptsache, man tritt auch wirklich nur auf die Inseln und fällt nicht ins Wasser!

Lastesel

Die Kinder spielen Lastesel: Sie krabbeln auf dem Boden und transportieren dabei verschiedene Dinge auf dem Rücken, etwa ein Kissen, eine Decke, ein Buch oder eine Schuhschachtel. Spannend und ganz schön schwierig ist ein Lastesel-Wettlauf: Zwei Kinder gehen gemeinsam an den Start und tragen ein Paket auf dem Rücken bis zu einem vereinbarten Ziel. Dabei muß man sich sehr vorsichtig vorwärts bewegen, denn die Last darf nicht herunterfallen. Im Paket kann eine Belohnung sein, die der Sieger am Ziel auspacken darf.

Kinder-Karussell

Ein Spiel für den Kindergeburtstag: das Kinder-Karussell. Alle stehen im Kreis und fassen sich an den Schultern. Ein Kind darf der Karussell-Direktor sein und die Kommandos geben. Wenn er in die Hände klatscht, geht´s langsam los. Wenn er schneller klatscht, dreht sich auch das Karussell schneller, und wenn nichts zu hören ist, bleibt es stehen. Andersherum fährt es dann weiter, wenn der Direktor wieder sein Zeichen gibt. Das Karussell sollte allerdings nicht zu lang in Fahrt sein, denn da wird es den Kindern schnell schwindlig.

Berg- und Tal-Bahn

Ein paar Stühle werden mit etwas Abstand hintereinander aufgestellt – das ergibt eine Berg- und Tal-Bahn! Man muß immer unter einem Stuhl durchkriechen und auf den nächsten steigen, dann wieder unten durch und oben drüber. Wenn man zwei Stuhlreihen aufstellt, können zwei Kinder oder zwei Gruppen um die Wette „Bahnfahren".

Lebendige Wippe

Für diese Wippe braucht man zwei Kinder, die etwa gleich groß sind. Sie sitzen gegenüber, stellen ihre Fußsohlen oder die Fußspitzen gegeneinander und fassen sich an den Händen. Jetzt lehnt sich jeder so weit wie möglich zurück, und mit etwas Schwung setzt sich die lebendige Wippe dann in Bewegung und schaukelt vor und zurück. Wenn das gut und gleichmäßig gelingt, können die Kinder die Augen schließen und das Pendeln genießen.

Wolkenschieber

Eine Decke auf glattem Boden ist die Wolke. Ein Kind sitzt darauf, ein Erwachsener oder mehrere Kinder ziehen die Decke langsam. Das „Wolkenkind" muß dabei versuchen, nicht umzufallen. Noch schwieriger ist es, wenn man auf der Wolke steht und festen Stand bewahren soll, wenn die Decke gezogen wird.

Hängematte

Wer selbst schon mit geschlossenen Augen in einer Hängematte lag, kennt das beruhigende und wohltuende Gefühl des sanften Schaukelns. Auch Kindern macht es unendlich viel Spaß. Man braucht allerdings nicht unbedingt eine richtige Hängematte. Zwei Erwachsene können ein Kind auch in einem großen Leintuch hin- und herschaukeln. Oder aber Sie probieren es mit einem Vogelschutznetz für Bäume aus! Wenn im schwingenden Rhythmus dazu gesprochen oder gesungen wird, ist´s noch schöner. Ein Fest für den Gleichgewichtssinn!

Ein Vorschlag für einen Schaukelgesang:

Es schaukelt hin und her
ein kleiner, dicker Bär.
Schaukelt hoch und nieder,
immer, immer wieder.
Leise brummt der Bär,
das gefällt ihm sehr.

Bäume im Wind

Alle Mitspieler verwandeln sich in Bäume, die mit den Füßen fest in der Erde verwurzelt sind. Die ausgebreiteten Arme sind die Äste. Der Wind weht zuerst nur leicht, so daß die Bäume sanft schaukeln. Dann stellen sich alle einen richtigen Sturm vor, der an den Bäumen rüttelt. Sie schwanken hin und her, bleiben aber fest auf ihrem Standpunkt. Ein Erwachsener kann auch den Sturm spielen und die Kinder mit sanftem Druck anstoßen und leicht schubsen.

Bürstenschuhe

Zwei Massage- oder Kleiderbürsten werden im Nu in ein Paar Schuhe verwandelt: Man bindet einfach einen breiten Gummi herum. Die Kinder ziehen sich die Bürstenschuhe an, stehen damit auf und erleben erst mal diesen ganz neuen Standpunkt. Sie können auf den Borsten laut und leise gehen, stampfen, schleichen oder schlurfen. Wenn die Borsten nicht zu stachlig sind, kann man die „Schuhe" auch einfach umdrehen und auf dieser kitzligen Unterlage laufen. Das ist beste Fuß-Massage!

Schubkarren

Dieses Spiel ist uralt – und sehr anregend für den Gleichgewichtssinn. Ein Kind ist der Schubkarren und wird an den Beinen von einem Erwachsenen festgehalten, während es sich nur mit den Armen und den Händen vorwärts bewegt. Man sollte dabei darauf achten, das Kind an den Oberschenkeln zu fassen, damit der Rücken nicht belastet wird.

Die unsichtbare Zauber-schnur

Bei diesem zauberhaften Experiment machen die Kinder meistens sofort mit! Holen Sie – mit allerlei Beschwörungs-formeln – pantomimisch eine unsicht-bare Zauberschnur aus dem Schrank und binden Sie sie Ihrem Kind in Knöchelhöhe um beide Beine. Der-maßen „verzaubert" muß das Kind zu laufen bzw. zu hüpfen versuchen. Das beidbeinige Hüpfen gelingt so meistens sogar den Kindern, die sonst damit Pro-bleme haben. Natürlich dürfen Sie nicht vergessen, die Zauberschnur wieder zu lösen und an ihrem Platz aufzubewah-ren. Wahrscheinlich werden Sie erle-ben, daß Ihr Kind schnell auf das Vor-stellungsspiel eingeht, die Zauber-schnur holt und Ihnen die Füße zusam-menbindet.

Tellerträger

Pappteller eignen sich gut zum Tragen und Balancieren, weil's dabei keine Scherben gibt. Die Kinder haben bestimmt selbst eine Menge Ideen für kleine Kunststücke: Man kann die Pappteller auf den Kopf legen und damit gehen, man kann sie auf der Handfläche transportieren und auch noch ein paar Plastikbecher daraufstel-len. Ganz geschickte Artisten versu-chen, einen Teller nur auf dem Zeigefin-ger schweben zu lassen. Noch ein Vor-schlag für Balancierkünstler: Der Papp-teller wird auf eine Papprolle von Haushalts- oder Toilettenpapier gestellt und soll so getragen werden – vielleicht auch noch über Hindernisse hinweg.

Ideenkiste

Wie man Kinder sonst noch ins Gleichgewicht bringen kann:

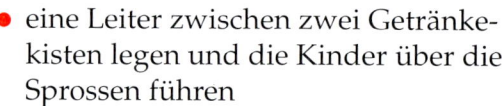

- eine Hindernisbahn mit Tischen, Stühlen, Schachteln und Balancierseilen aufbauen, auf der die Kinder krabbeln, kriechen und klettern müssen

- auf großen Steinen von Stein zu Stein gehen

- eine Leiter zwischen zwei Getränkekisten legen und die Kinder über die Sprossen führen

- Bierdeckel als Inseln im Zimmer verteilen, so daß die Kinder immer mit einem Bein von Deckel zu Deckel gehen müssen

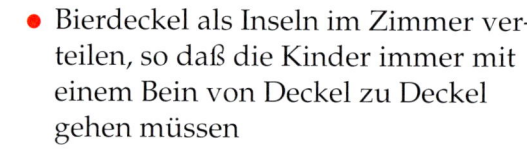

- alte Matratzen als Trampolin benutzen

- auf einer aufgeblasenen Luftmatratze stehen und miteinander kämpfen, bis einer umfällt

- mit dem Hüpfball hüpfen

- einen Luftballon auf dem Finger, auf der Nasenspitze oder auf dem Knie balancieren

Hampelmann und Regenwurm
Viel Bewegung schafft Sicherheit

Daß es den Bewegungssinn gibt, merkt man eigentlich erst dann, wenn er nicht richtig funktioniert: wenn wir stolpern, ausrutschen oder wenn wir einen Arm oder ein Bein in Gips haben. Normalerweise arbeitet dieser Sinn ganz im Stillen, ganz automatisch und tief in uns. „Tiefenwahrnehmung" wird er deshalb auch genannt. Gemeint sind damit die Sinneszellen in den Gelenken, Sehnen und Muskeln, die jeden Druck, jede Dehnung und Bewegung registrieren, ans Gehirn weiterleiten, kontrollieren und ausgleichen. Zusammen mit dem Tast- und dem Gleichgewichtssinn sorgt der Bewegungssinn dafür, daß der Körper in jedem Moment „weiß",

was passiert und wie er blitzschnell reagieren muß.

Dieses ganze innere Wissen und die Vorstellung vom eigenen Körper heißt in der Fachsprache „Körperschema". Man stellt sich den Körper dabei am besten vor wie eine Landkarte, auf der man sich auskennen muß: Was ist oben, was ist unten, wie sind die Entfernungen und Verhältnisse zueinander, wie komme ich wo hin? Dieses innere Bild vom eigenen Körper erwirbt ein Kind im Laufe der ersten Lebensjahre. Das Gehirn wird gleichsam ständig „gefüttert" durch den Gleichgewichtssinn, durch den Tast- und Bewegungssinn. Alle diese Informationen bleiben hängen, werden geordnet und verbunden und ergeben so eine gesamte Vorstellung vom Körper, von seinen Teilen und deren Lage.

Kinder übrigens, die später rechts und links nicht gut auseinanderhalten können, haben diese Vorstellung oft nicht genügend aufgebaut. Und auch wenn Kinder beim Lesenlernen mit der Form und der Richtung der Buchstaben nicht zurechtkommen, so liegt die Wurzel der Probleme häufig in einem unsicheren Körperschema.

Wie kann man den Bewegungssinn anregen? Am besten durch Bewegung! Die Muskeln und Gelenke müssen genügend Arbeit bekommen, damit sie fit werden.

Starke Männer

Welches Kind will nicht gern mal ein starker Mann oder eine superstarke Frau sein? Diese Übungen trainieren die Muskeln: Die Kinder stellen sich vor, daß sie mit beiden Armen einen schweren Schrank wegschieben, daß sie ein Klavier tragen oder die Hantel eines Gewichthebers stemmen. Man kann auch so tun, als ob man einen schweren Sack schleppt, ein Auto anschiebt oder an einem Tau zieht. Wichtig dabei: Die rechte und die linke Seite sollen gleichmäßig drankommen, und nach jeder Anstrengung braucht man Entspannung, also: Arme, Hände und Beine ausschütteln und Pause machen!

Riese und Mäuschen

Die Kinder machen sich riesengroß: Sie stellen sich auf einen Stuhl und strecken die Arme hoch. Dann verwandeln sie sich in kleine Mäuschen, die ganz winzig zusammengekauert auf dem Boden liegen und piepsen. Daraus kann man auch ein Reaktionsspiel machen. Einer darf der Zauberer sein. Wenn er mit dem Fuß stampft, werden alle Kinder zu Riesen, wenn er in die Hände klatscht, sind alle in Mäuschen verzaubert.

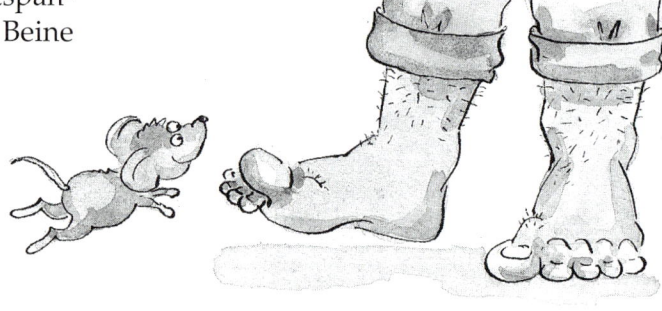

Das Grimassenspiel

Welches Kind schneidet nicht gern die wildesten Grimassen? Am besten wir machen ein gemeinsames Spiel daraus. Ganz nebenbei erfahren die Kinder auf diese Weise die feinen Bewegungsmöglichkeiten und trainieren ihre Gesichtsmuskulatur. Man kann sich vor den Spiegel setzen und einfach ausprobieren, wer die lustigsten oder die schauerlichsten Grimassen zustande bringt: ein Auge zukneifen, die Stirn runzeln, die Nase rümpfen, mit den Lippen blubbern oder mit den Ohren wackeln! Oder wir probieren das Spiegelspiel ohne Spiegel: Ein Spielpartner zieht eine Grimasse, der andere versucht, genau das Gleiche zu machen.

Eine Gesichtsmassage tut übrigens nach dem Grimassenspiel gut: Ihr Kind soll die Augen schließen, dann klopfen, krabbeln, kreisen oder streichen Sie ihm mit den Fingern übers ganze Gesicht. Das entspannt!

Sportler in Zeitlupe

Fußballer, Boxer, Tennisspieler, Rennfahrer, Kugelstoßer oder Hürdenläufer? Versuchen Sie mal mit Ihrem Kind, diese Sportler in Zeitlupe darzustellen! Einer macht etwas vor, der andere soll die Sportart erraten. Diese Olympiade für Zuhause ist ein gutes Training für den Bewegungssinn. Durch die langsamen Bewegungen nämlich erfahren die Muskeln und Gelenke ganz besonders intensive Anregung.

Sitz-Fußball

Die Fußballspieler sitzen auf dem Boden, stützen den Körper hinten mit den Armen ab und stoßen den Ball jeweils mit den Füßen weg. Man kann zu zweit oder zu mehreren gegenüber oder im Kreis sitzen und sich den Ball zuschießen. Oder man baut ein Tor aus Schachteln und alle Mitspieler versuchen im Sitzen, einen Treffer zu landen. Vielleicht spielt auch einer den Torwart. Der muß natürlich wie die anderen im Sitzen den Ball abwehren.

Windmühle

Die Kinder stehen und drehen ihre Arme in weiten Kreisen wie eine Windmühle. Genügend Platz und Armfreiheit sind dabei wichtig. Ein Spielleiter kann dazu den Wind machen: Bläst er leise, drehen sich die Windmühlenflügel ganz langsam, bei starkem Sturm kreisen sie schnell.

Fließband

Für das „Fließband" braucht man viele Mitspieler. Vielleicht können Sie es bei einem Kindergeburtstag ausprobieren, wenn viele Freunde und Freundinnen da sind. Alle legen sich dicht nebeneinander bäuchlings auf den Boden. Ein Mitspieler wird nun übers Fließband transportiert, und das geht so: Das Kind legt sich lang gestreckt auf dem Bauch quer über die liegende Reihe. Die Kinder rollen sich dann auf dem Boden gleichzeitig mit dem ganzen Körper vorwärts. So kommt das Fließband in Bewegung, und mit jeder Drehung wird das Kind ein Stück weiter nach vorne befördert.

Regenwürmer im Erdreich

Ein Regenwurm kriecht durchs Erdreich: Die Kinder sollen sich wie ein Wurm auf dem Boden schlängelnd fortbewegen. Dabei geht es unter Tischen und Stühlen hindurch. Vielleicht breiten Sie auch eine große Decke über Ihr Kind, halten sie fest und lassen das Kind so untendurch kriechen, bis es vorne wieder ans Tageslicht kommt. Fleißige Regenwürmer haben sich Futter verdient. Am Ende der Kriechstrecke sollte deshalb ein Teller mit Kleinigkeiten zum Knabbern stehen. Die Würmer dürfen dann das Futter – Sonnenblumenkerne, Erdnußflips oder Popcorn – aufknabbern, aber nur mit dem Mund, ohne die Hände zu Hilfe zu nehmen.

Pferdchenlauf

Zirkuspferde beherrschen alle möglichen Gangarten: im Schritt gehen, traben, sich drehen, galoppieren, über Hindernisse springen. Das können die Kinder gut ausprobieren. Ein Dompteur darf die Anweisungen geben und den Stab halten, über den die Pferdchen springen müssen.

Phantasieraum

Für alle Denkvorgänge ist ein gutes Vorstellungsvermögen wichtig, und das ist auch bei diesem Spiel gefragt. Wir laufen durchs Zimmer und stellen uns dabei vor, der Boden sei eine rutschige Eisfläche oder ein steiniger Kiesweg oder eine Wiese mit hohem Gras. Je nachdem muß man dann vorsichtig, langsam oder schnell auftreten oder die Beine wie ein Storch hochheben. Man kann den Raum auch in ein Wasserbecken mit Inseln, in eine steinige Felslandschaft oder in eine Kaugummiwelt „verzaubern". Kinder lieben meistens solche „Als-ob-Spiele" und probieren gerne alles Mögliche aus.

Deckenrutschen

Einen glatten Fußboden braucht man für dieses Spiel. Jedes Kind bekommt eine Decke. Es soll sich daraufstellen und dann versuchen, irgendwie vorwärts zu kommen, ohne daß es die Decke verläßt. Da muß man einfach ausprobieren! Man kann die Decke zum Beispiel mit den Füßen verrutschen oder sich im Knien mit den Armen vorwärtsziehen. Wer ist der schnellste Deckenrutscher?

Schattenmännchen

Das Schattenmännchen macht den Kindern meist einen Riesenspaß. Am besten man spielt draußen, denn da haben der Läufer und sein Schatten genügend Platz: Ein Kind geht voraus, das andere folgt ihm wie ein echter Schatten und ahmt alle Bewegungen und Gangarten ganz genau nach. Nach einer Weile werden die Rollen getauscht.

Pantomimen

Kinder haben viel Phantasie und sind oft die besten Pantomimen. Tätigkeiten aus dem Haushaltsalltag wie Zwiebel schneiden, kehren, Staub wischen, abtrocknen können ebenso dargestellt werden wie kleine Geschichten. Die Bewegungen bei jeder Pantomime müssen langsam und sehr genau sein, damit man sie erkennt. Deshalb ist, ähnlich wie bei den Zeitlupen-Sportlern, der Bewegungssinn hier besonders gefordert.

Doppelte Füße

Versuchen Sie mal, mit doppelten Füßen zu gehen! Ihr Kind stellt sich auf Ihre Füße und hält sich an Ihrem Körper fest. Nun können Sie mit Ihrer Fracht losgehen – langsam mit kleinen Schritten oder mit großen, schweren Schritten wie ein Trampeltier. Das macht Kindern Spaß und vermittelt ihnen ein ganz neues, ungewohntes Bewegungsgefühl.

Radfahren zu zweit

Das Radfahren zu zweit kennen Sie vielleicht noch aus Ihrer eigenen Kinderzeit. Zwei „Radler" legen sich gegenüber auf den Boden, stemmen die Fußsohlen gegeneinander und strampeln so in der Luft wie auf einem richtigen Fahrrad – mal langsam eine Steigung hinauf und mal schnell, wenn´s flott dahingeht.

Rakete

Eine Rakete kann man steigen lassen, wenn mehrere Kinder zusammen sind. Alle gehen leicht in die Hocke und klatschen locker mit den Händen auf die Oberschenkel – das ist das Donnern vor dem Start. Auf das Zeichen eines „Chefs" werfen alle die Arme hoch und federn mit gestreckten Beinen in die Höhe. Beim Aufsteigen darf jede „Rakete" natürlich nach Belieben zischen oder knallen oder knattern. Für ein Geburtstagskind zum Beispiel kann man beim Fest gleich mehrfach Raketen in die Luft gehen lassen.

Hopp, hopp, Hampelmann

Der altbekannte Zieh-Hampelmann ist das Vorbild für diesen Turnvers. Die Bewegungen von Beinen und Armen werden zuerst einzeln geübt. Wenn das gut gelingt, kann man den ganzen Hampelmann ausprobieren: Arme und Beine gleichzeitig bewegen!

Hopp, hopp, Hampelmann,
fang mit mir zu turnen an.
Hopp, hopp, Hampelmann,
erst mal sind die Beine dran:
Auf und zu und auf und zu,
Hampelmann gibt keine Ruh.
Hopp, hopp, Hampelmann,
und jetzt sind die Arme dran:
Hoch und runter, hoch und runter,
so wird Hampelmann gleich munter.
Hopp, hopp, Hampelmann,
und jetzt kommen beide dran:
Hopp und hopp und hopplahopp,
nochmal hopp und stop!

Turnen mit Tieren

Kinder verwandeln sich nur allzugern in Tiere und ahmen deren Stimmen und Bewegungen nach. Man kann eine richtig tolle Turnstunde mit Tieren veranstalten – übrigens auch eine Idee für Geburtstagsfeste. Ein „Zoodirektor" ruft zum Beispiel die Tiere auf und kontrolliert, ob alle es auch richtig machen. Die „Tiere" dürfen natürlich alle Kunststücke vorführen, die sie auf Lager haben, und am Schluß werden sie mit Knabbereien gefüttert.

Vogel
Mit geschlossenen Füßen kleine Hopser machen.

Biene
Gerade stehen, die Arme zur Seite strecken und zuerst kleine, dann größere kreisförmige Bewegungen nach hinten machen und durch den Raum sausen.

Elefant
Die Handflächen aneinanderlegen, in der Hüfte nach vorn beugen und die Arme als Rüssel locker bei jedem schweren Schritt nach rechts und links mitschwingen lassen.

Frosch

Mit gegrätschten Beinen in die Hocke gehen und die Hände zwischen den Beinen aufstellen; mit beiden Beinen gleichzeitig vorwärts springen und in der gleichen Stellung landen.

Storch

Ganz gerade stehen, immer ein Knie hoch anziehen, das Bein mit einem großen Schritt langsam nach vorne setzen.

Raupe

Auf dem Boden liegen und die Hände nahe den Schultern aufstützen; den Körper anheben und mit gestreckten Knien kleine Schritte nach vorwärts gehen, mit den Händen nach vorne rutschen und wieder anfangen.

Giraffe

Auf Zehenspitzen gehen und den Kopf so hoch wie möglich halten.

Pferd

Abwechselnd im Hüpfsprung galoppieren und dann mit lockeren Knien traben.

Bär

Auf Händen und Füßen gehen, Arme und Beine dabei gestreckt lassen und auf jeder Seite gleichzeitig nach vorn setzen.

Katze
Hände und Knie auf dem Boden und
Rücken gerade halten; abwechselnd den
Kopf einziehen und den Rücken krüm-
men zum Katzenbuckel, dann Rücken
und Nacken wieder gerade machen.

Seehund
Auf dem Bauch liegen, die Arme in
Schulternähe durchstrecken und so
Oberkörper und Kopf anheben und
nach rechts und links schauen oder
ein Balancierkunststück mit dem Kopf
vorführen.

Ideenkiste

Was die Sinne sonst noch in Bewegung bringt:

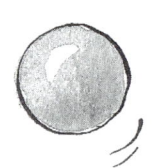

- Turnstunde veranstalten: Jeder Mitspieler
  darf einmal der Turnlehrer sein
  und etwas vormachen, was die
  anderen ausführen müssen

  - ausprobieren, was man mit den ein-
    zelnen Körperteilen alles tun kann

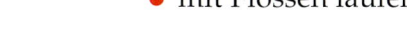

- mit Flossen laufen

- Flaschen aufstellen und darübersteigen oder darüberhüpfen

- über Baumstämme klettern

- sich wie ein Roboter oder wie eine Marionette bewegen

- Weitsprung im Sand üben

- in den Schuhen von Papa, Opa und Oma oder in Mamas Stöckelschuhen gehen

- Purzelbäume schlagen

- Rückenkampf: Zwei Spieler sitzen Rücken an Rücken und versuchen, sich gegenseitig wegzudrücken

- Fingerhakeln oder Ellbogenkampf

- Seilspringen und Kästchenhüpfen

- Tauziehen mit einem Seil, mit einer Decke oder einem Handtuch

Mit offenen Augen und Ohren durch die Welt

In einer Welt voller Bilder und Farben, voller Geräusche und Lärm kann einem leicht das Hören und Sehen vergehen. Die Augen und die Ohren werden heute regelrecht überflutet von Eindrücken. Was auf die beiden einzelnen Sinne alles einströmt, können Sie mit einigen kleinen Experimenten gut selbst erfahren: Schließen Sie an einer großen Straßenkreuzung für einen Moment die Augen, stellen Sie sich in einem Kaufhaus mal taub oder drehen Sie am Fernseher eine Weile den Ton ab! Keine Frage: Unsere Augen und Ohren müssen gut in Form sein, um diese Fülle zu verarbeiten, um auswählen zu können und auch noch für Details aufmerksam zu sein.

„Optische Wahrnehmung" heißt der Sehsinn in der Fachsprache, und mit „akustischer Wahrnehmung" ist der Vorgang des Hörens gemeint. Wie wichtig die beiden Sinne sind, kann jeder ermessen, der sich in die Lage eines blinden oder eines gehörlosen Menschen versetzt. Ein Blinder kann nicht im Gesicht seines Gegenübers lesen, er sieht die Tasse auf dem Tisch nicht, sieht die Bordsteinkante nicht. Ein gehörloser oder schwerhöriger Mensch hört weder das hupende Auto noch das Vogelgezwitscher im Wald.

Das Gehör ist bereits im Mutterleib angelegt, während sich die Sehkraft allmählich entwickelt und verfeinert. Augen und Ohren werden von Geburt

an mit viel „Futter" und Anregung versorgt. Damit Kinder aber tatsächlich mit offenen Augen und Ohren durch die Welt gehen können, brauchen sie mehr als nur Berieselung von außen für Augen und Ohren. Die beiden Sinnesorgane müssen vielmehr selbst aktiv werden. Sie müssen sortieren lernen, müssen sich auf eine Sache konzentrieren lernen. Kurz: Aufs Hinschauen und Hinhören kommt es an – gerade in einer lauten und bunten Welt.

Grundlage für das Sehen und Hören sind die frühen Sinne. Beim Sehen spielt etwa der Gleichgewichtssinn eine große Rolle: Das merken Sie als Erwachsener selbst, wenn Ihnen schwindlig ist und Sie die Dinge nur noch leicht verschwommen wahrnehmen. Wären wir nur aufs Auge angewiesen und hätten wir nicht die „inneren" Infomationen durch den Bewegungssinn, so könnten wir nur mit Mühe eine Jacke zuknöpfen, auf ein

Fahrrad steigen oder Geschirr abwaschen. Die Ohren wären zu wenig nutze, könnten wir nur hören und das Gehörte nicht auch verstehen und umsetzen in Gesehenes und durch die feinen Muskelbewegungen im Mund in Gesprochenes.

Die Kunst der genauen und geordneten Wahrnehmung besteht darin, daß die Sinne zusammenarbeiten. „Integration der Sinne" nennen die Fachleute dieses Zusammenspiel. Jede einzelne kleinste Tätigkeit verlangt von uns viele schnelle Reaktionen, die durch die Sinneseindrücke ausgelöst werden. Wenn irgendwo in den Sinnesbahnen ein Knoten ist, sitzt man sozusagen auf der Leitung: etwas funktioniert nicht reibungslos.

Die Sinne fördern bedeutet deshalb auch: die Leitungen zum Gehirn richtig legen und die Kinder in diesem Sinne wach und aufmerksam machen für die Welt!

Ich sehe was, was du nicht siehst!
Mit den Augen suchen, entdecken, steuern

Wer viel entdecken will, muß die Augen aufmachen. Zum Sehen gehören viele unterschiedliche Dinge: Formen, Farben und Größen unterscheiden, die Richtung und die Lage im Raum erkennen, aus dem Hintergrund etwas Bestimmtes herausfinden, Gesehenes schnell in den Blick bekommen, ein Bild sozusagen mit dem Auge festhalten und merken können.

Ein ganz wichtiger Bereich ist das Zusammenspiel von Auge und Bewegung. Das Auge führt die Hand beim Schreiben und den Fuß beim Fußball-spielen. Es übernimmt die Kontrolle beim Werfen und Fangen, beim Hüpfen und Klettern. Kinder trainieren diese Fähigkeit von selbst: Sie lieben meistens alle Ziel- und Treffspiele, sind dabei sehr erfinderisch und ganz bei der Sache.

Für die alten und neuen Seh-Spiele gibt es viele Variationen. Sammeln Sie mit Ihrem Kind augenfällige Ideen! Sie werden sehen, mit wieviel Scharfblick die Kinder allmählich die Dinge unter die Lupe nehmen, wenn Sie ihnen im wahrsten Sinne des Wortes die Augen dafür öffnen.

Sehen und merken

Spiele zum Sehen und Merken sind alt-bekannt, beliebt und sehr sinnvoll. Das Prinzip dabei ist immer gleich: Es soll erraten werden, was sich verändert hat. Sie legen zum Beispiel verschiedene Gegenstände auf den Tisch, Ihr Kind soll sie sich gut einprägen. Während es sich umdreht oder die Augen schließt, nehmen Sie ein oder zwei Dinge weg. Was fehlt?

Eine andere Möglichkeit: Ihr Kind muß kurz vor der Türe warten, und Sie verändern etwas im Zimmer. Man kann einen Stuhl verrücken, eine Pflanze umstellen oder ein Sofakissen an einen anderen Platz legen. Wenn mehrere Kinder mitspielen, gibt es noch eine lustige Variante: Während ein Rater aus dem Zimmer geht, wird an einem Kind etwas verändert. Es zieht zum Beispiel die Schuhe verkehrt herum an, krempelt sich die Ärmel hoch oder bindet sich eine Schleife um.

Die Merkspiele sind ein gutes Training für die Augen, für die Konzentration und das Gedächtnis. Es kommt schließlich immer darauf an, sich die Situation vorher genau anzuschauen und zu merken. Nur so findet man heraus, was nachher anders ist.

Ampelspiel

Das Ampelspiel macht nicht nur Spaß, es ist auch nützlich, denn die Kinder lernen dabei gleich was fürs Verhalten im Straßenverkehr. Jeder Mitspieler bekommt ein Lenkrad – das kann ein ausgeschnittener Pappreifen sein, ein Holzreifen oder einfach ein Pappteller. Ein Polizist hat drei Kreise in den Farben rot, gelb und grün und hält jeweils einen hoch. Entsprechend der Ampelfarbe müssen die „Autofahrer" stehenbleiben oder sie dürfen schon mal den Motor aufheulen lassen oder bei Grün losfahren.

Das Guckloch

Bei diesem Spiel dürfen die Kinder ungeniert durchs Schlüsselloch gucken. Schneiden Sie aus einem großen Bogen Papier die kleine Form eines Schlüsselloches aus! Das Blatt wird auf ein Bild oder auf die Seite eines Bilderbuches gelegt, so daß nur der kleine Ausschnitt zu sehen ist. Wer errät, was sich hinter dem Schlüsselloch verbirgt? Man kann das Guckloch auch hin und her schieben, um das Raten zu erleichtern.

Seifenblasen

Bei diesem Spiel muß man gut hinschauen und schnell reagieren. Einer
macht Seifenblasen, der andere versucht, mit dem Zeigefinger möglichst
viele Blasen zum Platzen zu bringen.

Bonbon-Farben

Mit bunten Schoko-Bonbons kann man
sich eine Menge Farbenspiele ausdenken. Die Kinder können die Bonbons
nach Farben sortieren oder auf Kommando die entsprechende Farbe heraussuchen. Auf schnelle Reaktion
kommt es beim „Rot-Spiel" an – es
kann natürlich genausogut das Blau-
oder das Gelbspiel sein: Sie füllen ein
Glas mit bunten Bonbons und lassen
diese langsam nacheinander in eine
Schachtel fallen. Ihr Kind hat einen Plastikbecher und soll damit möglichst alle
roten Bonbons auffangen, bevor sie in
der Schachtel landen. Am Ende darf es
alle roten Bonbons in seinem Becher
futtern.

Jedem Topf sein Deckel

In der Küche oder im Keller finden sich
bestimmt jede Menge Töpfe und
Schachteln mit Deckel. Die Behälter
und die Deckel wurden bunt durchein-
ander ausgelegt. Ihr Kind soll zunächst
nur mit den Augen abschätzen, welcher
Deckel wozu paßt. Mal sehen, ob das
alles stimmt! Für dieses Seh-Spiel
eignen sich genausogut Dosen mit
Deckeln oder verschiedene Flaschen
mit Verschlüssen.

Münzensammler

Ein Glas mit gesammelten Pfennigen,
Zwei-, Fünf- und Zehnpfennigstücken
stellt kleine Münzensammler vor eine
wichtige und praktische Aufgabe: Alle
Münzen müssen sortiert werden. Von
Urlaubsfahrten ins Ausland bleibt oft
noch ein Rest Münzgeld übrig. Auch
das können Kinder gut für ein Sortier-
spiel gebrauchen. Sie müssen dabei mit
scharfem Blick auf Formen, Größen
und Muster achten.

Sandmalerei

Im Sommer ist der Sandkasten ein ideales Übungsfeld für die Augen. Sie malen zum Beispiel mit dem Finger eine einfache Figur oder ein Muster in den Sand, Ihr Kind soll daneben das gleiche zeichnen. Für ein anderes Sandspiel brauchen Sie einige verschieden große Becher oder Eimer. Ein Spielpartner macht mit der Öffnung eines Gefäßes einen Abdruck in den Sand, der andere darf dabei nicht zuschauen und soll hinterher erraten, welches Gefäß es war.

Spurensuche

Der Winter ist die beste Zeit für kleine Detektive, die sich im Spurenlesen üben wollen. Im Garten, im Park oder im Wald entdeckt man auf frisch gefallenem Schnee vielerlei Spuren – von Menschen, von Fahrzeugen, von Vögeln und anderen Tieren. Man kann den Spuren nachgehen, die Abdrücke von Schuhsohlen vergleichen, mit dem Schlitten eine Spur ziehen oder selber in den Schnee malen.

Zuckerdose

So können Kinder im Haushalt helfen und gleichzeitig ihre Augen trainieren: Lassen Sie Ihr Kind Zucker aus der Tüte in die Zuckerdose füllen! Ebensogut kann man natürlich Salz, Mehl, Milch oder Wasser einfüllen. Es soll möglichst nichts danebengehen!

Fernglas aus Pappe

Das uralte Kinderspiel „Ich sehe was, was du nicht siehst" macht noch mehr Spaß, wenn man dabei durch ein Fernglas gucken kann. Es ist einfach herzustellen: Zwischen zwei Papprollen von Toilettenpapier klebt man eine leere Zündholzschachtel. An den Rollen wird eine Schnur befestigt, damit man das Fernglas auch umhängen kann. Das ganze Zimmer oder der Garten kann so mit dem Fernglas nach einem Gegenstand zum Erraten abgesucht werden. Spaziergänge mit Kindern werden übrigens viel unterhaltsamer, wenn man das Fernglas aus Pappe mitnimmt – oder sogar einen richtigen Feldstecher.

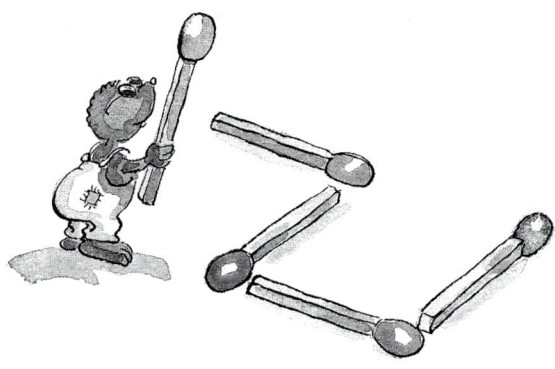

Zündholzmuster

Zündhölzer eignen sich gut zum Formenlegen. Sie bauen aus drei, vier oder auch aus mehr Zündhölzern eine Figur oder ein Muster, Ihr Kind soll das genau nachlegen. Man findet schnell heraus, was die Kinder leisten können und kann dann den Schwierigkeitsgrad je nach dem Alter und den Fähigkeiten steigern. Größeren Kindern gelingt es auch, eine Figur mit drei oder vier Zündhölzern aus dem Gedächtnis nachzulegen. Die Vorlage verdeckt man einfach mit einem Tuch oder einem Blatt Papier, und kontrollieren können die Kinder dann selbst.

Spiele dieser Art sind übrigens eine gute Vorübung fürs Lernen der Buchstaben, denn auch hier kommt es auf die genaue Form und Lage an.

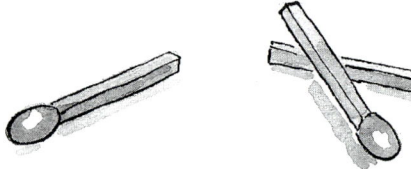

Wer trifft ins Tor?

Mit Bällen, Murmeln, Nüssen, Kastanien oder Erbsen kann man nach Herzenslust werfen und zielen. Immer soll ein bestimmtes Ziel angepeilt und getroffen werden. Aus alten Kartons oder Schuhschachteln lassen sich zum Beispiel gut Tore ausschneiden. Vielleicht verstecken Sie eine kleine Überraschung in der Schachtel. Wer dann mit seiner Murmel oder mit seiner Nuß ins Tor trifft, bekommt den Inhalt.

Von Haus zu Haus

Sie malen zwei oder mehr kleine Häuser auf ein Blatt Papier. Ihr Kind soll nun mit einem Stift Wege von Haus zu Haus zeichnen, also möglichst gerade Linien ziehen. Sie können auch Straßen aufmalen. Ihr Kind hat dann die Aufgabe, mit einem Stift auf der Straße zu fahren, ohne aber vom Weg abzukommen und über die Begrenzung hinauszufahren. Das wird immer schwieriger, je schmaler man die Straße vorzeichnet. Gute Zeichner mit einer sicheren Hand können vielleicht sogar die Mittelstriche einzeichnen.

Auf ins Museum!

Man kann Kindern schon früh die Augen für Kunst öffnen. Warum also nicht mal mit den Kleinen ins Museum gehen? Es muß ja keine stundenlange Bilderschau sein. Lassen Sie die Kinder selbst urteilen, was ihnen gefällt! Suchen Sie vielleicht nur zwei Bilder zum Anschauen aus, erzählen Sie dazu und spüren Sie gemeinsam versteckte Einzelheiten des Bildes auf! Das ist eine gute Seh-Schule!

Versteck in der Eierschachtel

Für dieses Spiel zu zweit brauchen Sie zwei Sechser-Eierschachteln und je zwei Stück von irgendwelchen kleinen Dingen – Bonbons, Korken, Nüsse oder Spielzeug. Sie legen einen Gegenstand in eine Vertiefung Ihrer Schachtel. Ihr Kind soll sich die Stelle einprägen, dann kommt der Deckel drauf. Nun soll Ihr Kind das gleiche Ding in seiner Schachtel genau gleich plazieren. Da kommt es aufs genaue Hinschauen und aufs Merken an! Die Aufgabe wird schwieriger, wenn Sie alle Vertiefungen der Schachtel füllen und das Kind die Dinge aus der Erinnerung genauso nachlegen soll. Tauschen Sie die Rollen, denn dann erfahren Sie selbst, wie sehr man sich dabei konzentrieren muß!

Wurfring und Kochlöffel

Wenn man Pappteller so zurechtschneidet, daß nur der Rand stehenbleibt, entstehen im Nu Wurfringe. Die Kinder können bei der Herstellung mithelfen. Man kann im Freien einen Stock in die Erde stecken und versuchen, den Ring darüberzuwerfen. Ein Kochlöffel genügt für ein Wurf- und Fangspiel zu zweit: Ein Spielpartner wirft den Ring, der andere soll ihn mit dem Stiel eines Kochlöffels auffangen. Ein ganzes Stück schwieriger wird die Sache, wenn man statt des Pappringes einen Gummiring von Einmachgläsern wirft!

Taschenlampe

Ein schönes Spiel im Dunkeln: Ihr Kind soll die Augen schließen, auf Kommando öffnen und schnell den Lichtpunkt einer Taschenlampe im Raum suchen. Gut als Konzentrationsübung für die Augen: mit dem Finger oder nur mit den Augen den Lichtpunkt verfolgen. Sie können mit der Lampe auch eine einfache Figur an die Decke malen, etwa einen Kreis oder einen Strich, und Ihr Kind soll es erkennen. Ungeheuren Spaß macht es Kindern immer, das Licht zu „fangen", nämlich auf den Lichtfleck auf dem Boden zu treten. Sie können Ihr Kind auch mit der Taschenlampe durch den dunklen Flur oder durch den Garten führen, das Licht beschreibt den Weg. Wichtig sind kurze Ruhepausen zwischen den Spielen, damit sich die Augen entspannen können.

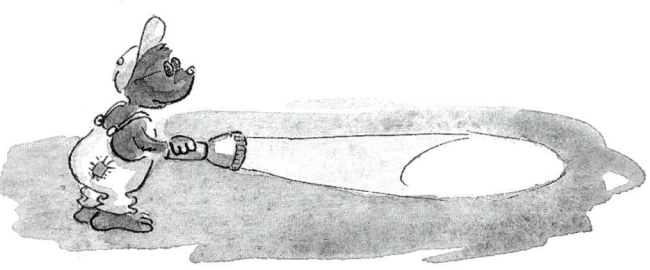

Beobachten

Beobachten – das ist eine ganz besondere Art des Sehens. Man muß dabei ganz genau hinschauen, abwarten und vergleichen. Vor allem bei Naturbeobachtungen werden Kinder zu Entdeckern. Ob Sie sich mit den Kindern einen Baum im Garten aussuchen und im Frühling täglich sein Wachstum beobachten, ob Sie Kresse aussäen und aufs Keimen warten oder ob Sie den Vögeln am Futterhäuschen zuschauen – die Kinder lernen dabei eine Menge und werden hellsichtig und neugierig für die Welt.

Die Augen unter der Lupe

Ein Vergrößerungsglas bringt alle Kinder zum Staunen! Warum nicht mal ein Auge unter die Lupe nehmen? Da sieht man die Fartöne und Musterungen der Iris und jede kleinste Wimper und kann den Kindern gleich erklären, was alles zum Auge und zum Sehen gehört. Um ein Vielfaches vergrößert wird alles interessant: der Stoff des Sofas, die Gardine, Pflanzen und Blüten, ein Bilderbuch, die Zeitung oder ein Marienkäfer auf der Fensterbank.

Becherball

Sie lassen an einem Ende des Tisches einen Tischtennisball oder einen ähnlichen Gegenstand losrollen. Ihr Kind steht auf der gegenüberliegenden Seite des Tisches und soll den Ball mit einem Plastikbecher unterhalb der Tischkante auffangen. Es muß also laufend mit den Augen den Ball verfolgen und den Becher entsprechend bereithalten.

Kegelspiel

Ein einfaches Kegelspiel ist schnell aufgebaut. Verwenden Sie einfach leere Papprollen von Haushalts- oder Toilettenpapier als Kegel! Mit einem Ball wird aus einer vereinbarten Entfernung darauf gezielt. Mit einem großen Fußball geht das leicht, mit einem Tennisball muß man schon genauer zielen, um einen Treffer zu landen.

Ideenkiste

Wie man die Augen noch schärfen kann:

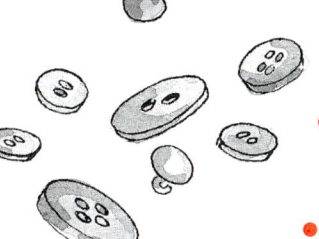

- Knöpfe sortieren oder nach der Größe ordnen

- Briefmarken sortieren

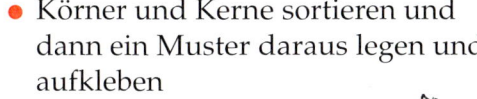

- Körner und Kerne sortieren und dann ein Muster daraus legen und aufkleben

- Socken sortieren und immer ein Paar nebeneinander auf die Wäscheleine hängen

- Alle runden oder alle viereckigen Dinge im Zimmer suchen

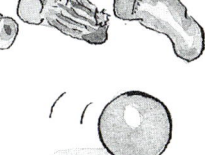

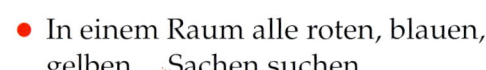

- In einem Raum alle roten, blauen, gelben… Sachen suchen

  - Auf der Autofahrt solange aus dem Fenster schauen, bis man fünf weiße oder rote entgegenkommende Autos gesehen hat

- Ansichtskarten oder Kalenderblätter zerschneiden und wieder zusammenlegen

  - Schuhe im Zimmer verstecken und suchen

  - Bälle, Murmeln oder Kastanien in einen Papierkorb werfen

    - Büchsen zu einer Pyramide aufstellen und mit einem Ball umwerfen

- Grimassen vor- und nachmachen

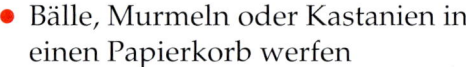
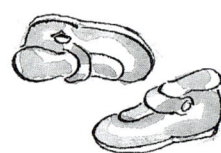

  - Schaufenster betrachten und spielen „Ich sehe was, was du nicht siehst"

- Schlangenfangen spielen: auf ein Seil treten, das ein anderer in Schlangenlinien über den Boden zieht

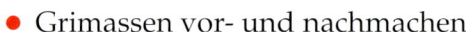

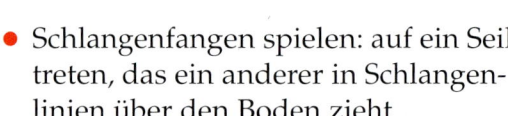

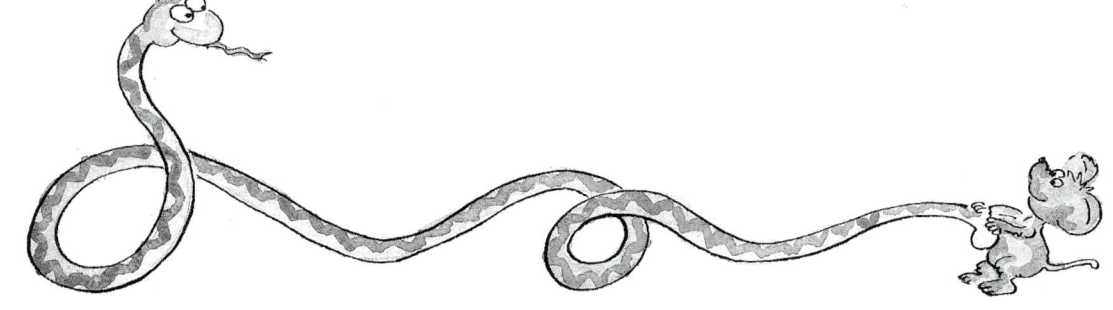

Augen zu! Ohren auf!
Hör-Spiele für die ganze Familie

Manche Kinder „wollen nicht hören" oder „sitzen auf den Ohren". Vielleicht haben sie das Hören nur nicht richtig gelernt. Denn „hellhörig" zu sein und „mit großen Ohren zuhören" zu können, das muß man tatsächlich lernen.

Das Hören gehört zu den ersten Sinnen, denn es entwickelt sich schon früh im Mutterleib. Man hat herausgefunden, daß Ungeborene auf Geräusche und auf Musik reagieren und sogar auf unterschiedlichen Tonfall oder Stimmlage der Mutter. Kinder kommen schon mit einem gut angelegten Gehör auf die Welt. Und dennoch das Hören lernen? Das muß man in der Tat! Die Ohren bekommen nämlich, genau wie die Augen, eine Menge zu tun.

Sie müssen lernen, Geräusche gut zu unterscheiden, die Richtung zu erkennen, aus der sie kommen – und noch dazu muß man wissen, was ein Geräusch bedeutet. Für uns Erwachsene ist das selbstverständlich: Wenn Sie hinter sich eine Fahrradklingel hören, schauen Sie sich um oder gehen zur Seite.

Die Ohren müssen vor allem auswählen und sich auf etwas konzentrieren können. Stellen Sie sich vor, Sie sind auf einer Party oder im Schwimmbad: Trotz des Lärms rundherum gelingt es Ihnen, nur auf die Stimme Ihres Gesprächspartners zu hören. Eine große Rolle fürs Lernen spielt außerdem das Hör-Gedächtnis: was man hört, muß man sich auch merken können, ob Namen, Wörter, Zahlen, Verse oder Wissen. Das ist nicht immer so einfach. Sie merken es selbst, wenn Sie mal eine Telefonnummer verdrehen oder Ihnen ein Name partout nicht einfällt.

Sprechen und Hören gehören ganz eng zusammen. Ein Kind lernt die Sprache zuerst übers Gehör. Gehörlose können nur mit größter Mühe annähernd sprechen lernen. Wenn Sie also das Hören mit Ihrem Kind üben, tun Sie gleichzeitig viel für die Sprache.

Unter dem Motto „Augen zu! Ohren auf!" kann man unzählige Hör-Spiele erfinden, mit denen sich die ganze Familie vergnügen kann. Kindern fällt es freilich oft schwer, die Augen zu schließen und nicht zu spitzeln. Wie Sie einfache Hör-Masken herstellen können, ist im Kapitel „Spielzeug für die Sinne" beschrieben.

Quietschtiere

Wer ein paar Quietschtiere in der Spielzeugkiste hat, kann gleich die Ohren spitzen. Welches Tier hört sich wie an? Wenn die Mitspieler sich das gut gemerkt haben, geht es ans Raten: Einer drückt ein Quietschtier, der andere soll hören, welches es war. Wer kann sogar zwei oder drei Tiere hintereinander richtig erkennen?

Noch eine Idee: das Quietschtier verfolgen! Ein Spielpartner macht das Geräusch und führt ein anderes Kind mit verbundenen Augen auf diese Weise durchs Zimmer oder durch den Garten.

Was rollt? Was fällt?

Man probiert zuerst aus, wie sich verschiedene Gegenstände anhören, wenn sie über den Tisch rollen: ein Bleistift, ein Würfel, ein Ball, eine Holzkugel, ein Spielauto… Dann lassen Sie ein Ding losrollen und Ihr Kind soll mit verbundenen Augen raten, was es war. Damit jeder was zu hören hat, werden die Rollen immer wieder getauscht.

Für ein ähnliches Spiel braucht man wiederum verschiedene Gegenstände und einen Becher. Wie hört es sich an, wenn die einzelnen Dinge in den Becher fallen? Einer macht wieder das Geräusch, der andere muß raten.

Geräuscheraten

Den Wasserhahn aufdrehen, die Türe oder eine Schublade öffnen, mit dem Besen kehren, einen Vorhang zuziehen – lauter Geräusche im Haus, die am Ohr vorüberziehen. Machen Sie ein Ratespiel daraus! Sie produzieren ein Geräusch, Ihr Kind soll es erkennen. Dann werden, wie möglichst bei allen Spielen, die Rollen vertauscht: Sie müssen raten. Schwieriger wird es, wenn zwei bis drei Geräusche hintereinander erkannt werden sollen – und das auch noch in der richtigen Reihenfolge!

Große Lauscher

Man kann Kindern regelrecht die Ohren öffnen, wenn man sie auf alltägliche und feine Geräusche aufmerksam macht. Stellen Sie sich zum Beispiel mit Ihrem Kind einfach ans offene Fenster, verhalten Sie sich mucksmäuschenstill und lauschen Sie hinaus! Wer hat die größten Lauscher? Sie werden vielleicht selbst erstaunt sein, wie viel Sie gemeinsam entdecken und wie wenig normalerweise an unser Ohr dringt.

Überraschungs-Topf

Suchen Sie mit Ihrem Kind drei oder vier verschiedene Töpfe oder Plastikschüsseln aus und trommeln Sie mit einem Kochlöffel darauf. Das gibt ganz unterschiedliche Klänge! Unter einem Topf wird dann eine Überraschung versteckt. Ihr Kind soll mit verbundenen Augen alle Gefäße anschlagen und durch den Klang den Überraschungs-Topf finden.

Dirigent in der Küche

Mit Schüsseln, Töpfen, Tellern, Koch-löffel oder Schaumschläger machen alle Kinder gern und vor allem laut Musik. Damit sie den Unterschied zwischen laut und leise ins Ohr bekommen, kann man ein Dirigentenspiel ausprobieren. Der Konzertmeister kann mit kleiner oder großer Armbewegung anzeigen, ob laut oder leise gespielt werden soll.

Paare zum Hören

Das bekannte Memory-Spiel kann man für die Ohren abwandeln. Sie brauchen dafür nur leere Filmdosen – die bekommt man umsonst im Fotoge-schäft, falls man nicht selbst welche übrig hat. Je zwei Dosen werden mit dem gleichen Inhalt gefüllt: Zucker, Reis, Steine, Gras, Murmeln, Rosinen oder ähnliches. Hören Sie sich die Geräusche mit Ihrem Kind zuerst gut an! Manche Dinge klingen sehr ähnlich. Jeder Mitspieler darf dann immer zwei Dosen schütteln. Hat er zwei gleiche Geräusche gefunden, kommt er noch-mal dran, sonst ist der nächste an der Reihe.

Die Katze kratzt

Probieren Sie mit Ihrem Kind aus, wie es sich anhört, wenn die Katze an ver-schiedenen Materialien kratzt: an der Tür, am Sofa, auf dem Teppich oder auf Papier… Ein Spieler ist die Katze, der andere soll erraten, wo sie kratzt.

Futter für das Krabbeltier

Eine verschließbare Dose oder ein Glas wird mit Nüssen oder Bonbons gefüllt. Setzen Sie sich mit Ihrem Kind auf den Boden und rollen Sie die Dose weg! Das „blinde" Krabbeltier muß nun sein Fut-ter suchen, also auf die Dose zukrab-beln und sie ertasten.

Stecknadel

Da kann man eine Stecknadel fallen hören! Aus diesem sprichwörtlichen Satz läßt sich ein Spiel machen. Es muß wirklich ganz, ganz leise sein, wenn man dieses feine Geräusch hören will. Größere Kinder können gleich das „Zählen mit den Ohren" ausprobieren. Sie sollen hören, wieviele Stecknadeln nacheinander in einen Becher oder auf einen Teller geworfen werden.

Wer spricht denn da?

Stimmen raten ist spannend! Ein Kind muß sich umdrehen und hören, wer da hinter ihm „Guten Morgen!" oder „Guten Tag!" sagt. Wenn man dabei die Stimme verstellt, wird es schwieriger.

Flüstersprache

Bildkärtchen von Memory- oder Lottospielen kann man gut für ein leises Flüsterspiel gebrauchen. Die Kärtchen werden aufgedeckt auf den Tisch gelegt. Ein Spielpartner flüstert ein Wort, der andere soll es erkennen und darf dann das entsprechende Bild nehmen.

Tischdecken

Alltägliche Arbeiten wie etwa das Tischdecken können – ganz nebenbei – als Übung für die Ohren genutzt werden. Wie hört es sich an, wenn ein Teller auf den Tisch gestellt wird? Oder ein Glas? Wie klingt es, wenn ein Löffel daneben gelegt wird? Ihr Kind soll raten, was Sie gemacht haben.

Flaschenklavier

Wenn man Flaschen unterschiedlich hoch mit Wasser füllt und sie mit einem Teelöffel anschlägt, ergeben sich ganz verschiedene Töne. Vielleicht hören die Kinder sogar, welcher Ton höher und welcher tiefer klingt. Auf dem Flaschenklavier kann man auch ganze Lieder spielen. Für „Alle meine Entchen" braucht man sechs Töne, also sechs Flaschen. Dieses Klavier richtig zu stimmen ist allerdings nicht ganz einfach, da müssen die Erwachsenen helfen.

Tierkonzert

Wenn mehrere Kinder zusammen sind, regen Sie doch mal ein richtiges Tierkonzert an! Jeder darf sich ein Tier aussuchen und in dessen Sprache drauflosquatschen: miau, muh, mäh, kikeriki, quak… Das „Konzert" könnte man auf Tonband aufnehmen und hinterher anhören. Sind alle Tiere aus dem bunten Gewirr noch herauszuhören?

Eine Spielidee dazu: Die „Tiere" stehen im Kreis, ein Kind ist in der Mitte. Es hat die Augen verbunden und soll sich im Kreis der Tiere umhören und zum Beispiel den Frosch suchen.

Klopfzeichen

Sie geben von einem Versteck aus Klopfzeichen und Ihr Kind soll zählen, wie oft Sie geklopft haben. Oder: Sie lassen Nüsse, Bonbons oder Münzen in eine Tasse fallen. Ihr Kind soll mitzählen, darf aber nicht hinschauen! Natürlich muß man bei den Zählspielen darauf achten, wie weit ein Kind schon zählen kann.

Gespenster im Haus

Gespensterspiele faszinieren alle Kinder. Mit einem Bettlaken über dem Kopf können die kleinen Geister auch gut die Ohren trainieren. Ein Gespenst soll zum Beispiel hören, wo ein anderes den Schlüsselbund abgelegt hat: auf dem Tisch, auf dem Teppich, auf den Fliesen oder auf dem Sofa? Oder: Ein Gespenst sucht seinen Freund, der in einer Ecke steht und leise „huhu" ruft. Auch beim Gespensterecho muß man die Ohren aufsperren: Der Anführer der Geister flüstert „hihi" oder „hoho" oder einen erfundenen Geisterspruch, alle anderen machen das Echo. Einen gemeinsamen Gespenstergesang gibt es zum Schluß. Der soll sich natürlich möglichst gruselig anhören!

Schritte hören

Das ist ein leises Spiel für Geburtstagsfeste: Ein Kind legt sich in der Mitte des Zimmers auf den Boden und schließt die Augen. Die anderen Kinder stehen alle auf einer Seite. Ein Spielleiter schickt nacheinander mehrere Kinder los. Sie gehen an dem liegenden Kind vorbei und bleiben am anderen Ende des Raumes stehen. Errät das horchende Kind, wie viele an ihm vorbeigegangen sind?

Stop and go!

Hören und schnell reagieren – das lernen Kinder bei diesem Laufspiel. Schütteln Sie eine Rasselbüche oder eine mit Steinen gefüllte Dose! Die Kinder gehen währenddessen, müssen aber wie versteinert stehenbleiben, sobald das Geräusch aufhört. Wer es schwieriger machen will, nimmt zwei Geräuschquellen und vereinbart unterschiedliche Aufgaben: Das Steinegeklapper bedeutet vorwärts gehen, mit einem Stab an die Dose klopfen bedeutet rückwärts gehen.

Das Hör-Rohr

Mit einem Hör-Rohr kann man auch feine Geräusche besser hören. Man nimmt einfach eine leere Papprolle – zum Beispiel von Haushaltstüchern – und hält sie sich ans Ohr. Das Ticken der Uhr, das Summen des Kühlschranks, geflüsterte Worte oder vielleicht sogar der Atem oder der Herzschlag eines anderen – all das dringt so ganz genau und wie durch einen Verstärker ans Ohr.

Wörterklang

Im Alter von fünf, sechs Jahren entdecken Kinder den Klang von Wörtern und produzieren mit Begeisterung Quatschwörter und Unsinnverse. Durch diese Sprachspielereien kann man die Ohren gut für die Sprache schärfen. Suchen Sie zum Beispiel gemeinsam Reimwörter: Zu Schuh paßt Kuh, zu Schwein paßt Bein, zu Bier paßt Stier… Alle Verse, Lieder und Fingerspiele sind gutes Futter für die Ohren und fördern die Sprache.

Klatschen und patschen

Zum Musikmachen braucht man nicht unbedingt Instrumente. Durch Klatschen, Patschen – mit den Händen auf die Knie schlagen – und Stampfen kommt im Nu ein rhythmisches Konzert zustande. Wenn ein „Dirigent" eine Folge von zwei, drei oder vier Bewegungen vormacht, wird daraus eine richtige Hör- und Merkübung.

Musik geht ins Ohr

Musik spricht fast alle Kinder an – auf ganz eigentümliche und besondere Weise. Spielen Sie den Kindern doch einfach mal einen Walzer, einen Marsch, Rock´n Roll oder ein klassisches Stück vor! Der Rhythmus geht in die Beine, und die Kinder entpuppen sich meistens als Naturtalente im Tanzen. Musik regt die Sinne an! Sie geht ins Ohr und ins Gemüt, sorgt für Spaß und gute Laune oder für Entspannung und Ruhe. Es ist wichtig, Kindern den Zugang zur Musik zu öffnen: durch gemeinsames Musikhören und Tanzen, durch Musikmachen und Singen. Und warum nicht mal mit den Kleinen ins Konzert gehen – vorausgesetzt, es dauert nicht zu lang? Oder in der Kirche der brausenden Orgel lauschen? Oder einfach Straßenmusikanten zuhören?

Ideenkiste

Was man noch mit hellhörigen Kindern unternehmen kann:

- Geräusche auf Tonband aufnehmen und dann erraten

  - Einen möglichst laut tickenden Wecker im Zimmer verstecken und suchen

- Auf dem Jahrmarkt verschiedene Pfeifen, Tröten und Rasseln kaufen und vergleichen, wie sie sich anhören

  - Geräusche oder Vogelstimmen hören und nachahmen

- Den Klang von verschiedenen Glöckchen vergleichen

  - Auf verschiedene Gegenstände oder Möbel im Zimmer klopfen und die Geräusche vergleichen

- Erdnüsse, Walnüsse und Haselnüsse in kleine Säckchen stecken, schütteln und raten, welche Nüsse es sind

  - Zählen, wie oft die Kirchturmuhr schlägt

- Bei einem Zoobesuch lauschen, welche Tierstimmen zu hören sind

URPS

Schnuppernasen und Schleckermäuler

Riechen und schmecken mit Genuß

Babies und kleine Kinder nuckeln am Schnuller, brauchen manchmal alte ausgelutschte Riechtüchlein und stecken alles in den Mund, was sie in die Finger bekommen. Vor allem Schmecken ist für Kinder zunächst ein wichtiges Mittel, um die Umwelt zu erforschen. Im Laufe der Zeit kommen sie tatsächlich auf den Geschmack: Sie finden heraus, daß Sand und Erde nicht gut schmecken, daß man Steine nicht kauen kann, sie wollen dieses und jenes nicht essen und entdecken ihre Lieblingsspeisen. Das ist auch die Zeit, in der die Kinder zu richtigen Schnuppernasen werden – und ihre Nase auch in Dinge stecken, wo sie nicht hingehören.

Mit Augen, Ohren und Händen gehören Mund und Nase zu den Sinnesorganen, mit denen wir die Umwelt aufnehmen. Und wenn man einige Redensarten wörtlich nimmt, bemerkt man die soziale Note des Geschmacks- und Geruchssinns. Wer „Geschmack hat", findet meistens viel Anerkennung.

Wen man „gut riechen" kann, der ist beliebt. Und schließlich sind Genießer immer Menschen, die eine sehr feine Nase und einen sehr feinen Gaumen haben.

Spiele für Nase und Mund sind immer genußvolle Erlebnisse. Die sollten wir uns und den Kindern gönnen.

Obst-Schaschlik

Naschen ist hier schon bei der gemeinsamen Vorbereitung erlaubt. Wir
schnipseln verschiedene Obstsorten in
kleine Stücke und stecken jeweils ein
paar davon auf Schaschlik-Spieße. Ein
Kind sucht sich mit verbundenen
Augen ein Obst-Schaschlik aus, probiert immer ein Stück und soll die Obstsorten erkennen. In der zweiten Runde
kann man versuchen, das Obst nur
durch Riechen zu erraten. Wer hat die
feinste Nase und erkennt alle Teile eines
Obst-Schaschliks nur durch Schnuppern?

Riechende Deckel

Einige gleiche Gläser mit Deckeln –
von Babynahrung oder Kosmetika –
braucht man für dieses Spiel. Die Behälter sollten nicht „anrüchig" und deshalb gut ausgespült sein. Jeweils ein
Glas und ein Deckel bekommen mit
einigen Tropfen Duftöl eine bestimmte
Duftnote. Die Kinder sollen nun durch
Riechen herausfinden, welcher Deckel
zu welchem Glas gehört. Drei Düfte
genügen übrigens, sonst wird die Nase
verwirrt.

Duftblumen

Aus Papiertaschentüchern oder Servi-
etten kann man schnell Blumen herstellen, indem man die Tücher in der Mitte
zusammenbindet und dann die Papier-
lagen hochzupft. Die Kinder dürfen die
Blumen mit Parfum oder Duftöl benet-
zen. Man kann die Duftblumen ins Kinderzimmer legen, man kann sie ver-
schenken oder Riech-Memory damit
spielen. Dann müssen immer zwei Blumen mit dem gleichen Duft gefunden
werden.

Bad oder Küche?

Verbinden Sie Ihrem Kind die Augen und halten Sie ihm verschiedene stark riechende Dinge unter die Nase: Schaumbad, Zahnpasta, Seife, Parfum oder aber Putzmittel, Kaffeepulver, Essig, Käse, Zimt. Ihr Kind soll möglichst schnell erschnuppern, ob der Gegenstand ins Badezimmer oder in die Küche gehört.

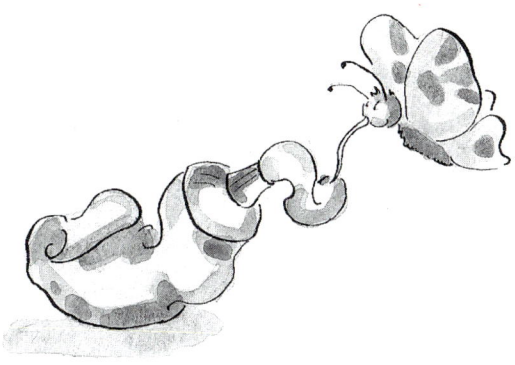

Das Spürhund-Spiel

Stellen Sie irgendwo im Zimmer eine Schale mit einer stark riechenden Kräutermischung oder mit Duftöl auf! Ihr Kind ist der Spürhund mit der feinen Schnuppernase. Es soll mit verbundenen Augen auf dem Boden zur Duftquelle krabbeln.

Schnupperspaziergang

Die Welt ist voller Gerüche! Man muß Kindern nur sozusagen die Nase dafür öffnen. Beim Bummel durch die Stadt zum Beispiel bekommt die Nase viel geboten. Bäckerei, Metzgerei, Parfümerie, Apotheke, ein Obstladen, ein Fischgeschäft oder Gasthäuser laden zum Schnuppern ein. Und da erlebt man auch, was einem stinkt: Autoabgase, Mülltonnen oder kalter Rauch in einer Telefonzelle.

Ein Schnupperspaziergang kann auch in den Wald führen, wo frisch geschlagenes Holz, die Erde oder nach einem Regen vielleicht sogar Pilze zu riechen sind.

Zitronen-Igel

Wie macht man aus einer Zitrone einen Igel, der auch noch angenehm duftet? Einfach die ganze Zitrone dicht mit Gewürznelken spicken, nur die Unterseite und die „Schnauze" aussparen. Die Augen können zwei Stecknadeln mit schwarzen Köpfen sein, als Füße kann man Zahnstocher verwenden.

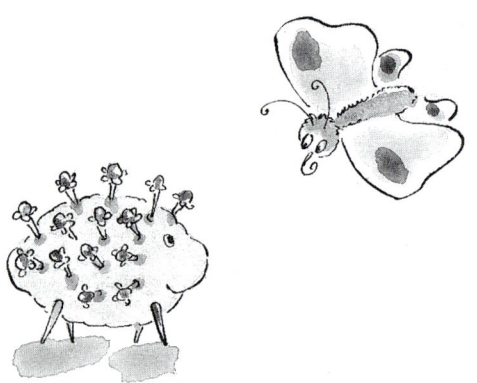

Zwei von einer Sorte

Das bekannte Memory kann man auch mit der Nase spielen. In undurchsichtigen Gläsern oder Dosen – Filmdosen eignen sich zum Beispiel – werden Gerüche „verpackt", und zwar jeweils zwei von einer Sorte. Das können Wattebäusche sein, die mit einigen Tropfen Duftöl getränkt sind, stark riechende Kräuter wie Pfefferminze und Salbei, Gewürze, Schaumbad, duftende Seife, Tannennadeln oder gar Erde. Aufgabe der Kinder ist es, mit verbundenen Augen durch Schnuppern die zwei gleichen Gerüche zu finden.

Mamas Düfte

Die meisten Kinder lieben Parfum und schnuppern gern an Mama oder Tante. Wer eine kleine Sammlung von Parfums oder Duftproben zuhause hat, kann die Kinder auch mal auswählen und ihren Lieblingsduft suchen lassen.

Duftige Zeiten

Intensive Gerüche bleiben nicht nur an den Kleidern und in den Haaren, sondern auch in der Erinnerung haften. Oft merkt man gar nicht, daß es eigentlich der Geruch ist, der ein schönes oder aber ein unangenehmes Gefühl auslöst. Denken Sie nur an den Geruch einer Arzt- oder Zahnarztpraxis, an sommerlichen Heuduft oder an weihnachtliches Plätzchen-Aroma! Es lohnt sich also, für „duftige Zeiten" in der Kindheit zu sorgen. In der Adventszeit kann der Zitronen-Igel oder eine mit Nelken gespickte Orange Weihnachtsduft verströmen. Sommerduft verbreitet zum Beispiel eine Schale voller Rosenblätter, die mit Rosenöl getränkt werden. Auch zusammengeflochtene Lavendelstengel riechen intensiv. Wenn Sie gerne Duftlampen aufstellen, lassen Sie doch die Kinder bei der Duftnote mitbestimmen!

Mit der Zunge zählen

Kann man mit der Zunge zählen? Man muß es einfach mal ausprobieren: Legen Sie Ihrem Kind zwei, drei oder vier Sonnenblumenkerne oder Rosinen auf die Zunge!

In fremde Töpfe gucken

Lassen Sie Ihr Kind doch öfter mal in fremde Töpfe gucken, probieren Sie gemeinsam und nicht nur im Urlaub ausländische Spezialitäten! Jedes Land hat seine typische Küche, und das ist ein Teil der Landeskultur. Sie vermitteln Ihrem Kind so ein bißchen was vom Geschmack der großen, weiten Welt. Es müssen nicht immer nur Pizza und Spaghetti aus Italien sein. Auch für unseren Gaumen eher ungewohnte Gerichte aus der griechischen, türkischen, arabischen oder chinesischen Küche sollte man Kindern mal anbieten. Vielleicht entdecken sie dabei ganz neue Genüsse und Gewürze, mit denen man zuhause zur Abwechslung experimentieren kann.

Himbeermilch

Im Sommer kann man mit frischem Obst und Beeren vielerlei Milch-Shakes mixen. Die Aufgabe für kleine Geschmackstester: Mit verbundenen Augen sollen sie von jeder Sorte kosten und dabei die Himbeermilch herausfinden.

Die Augen essen mit

Zum Essen und Genießen gehören nicht nur gute Tischsitten, sondern auch ein schön gedeckter Tisch und Servier-Ideen: Die Augen essen mit! Kinder haben viel Spaß an phantasievollen Garnierungen – nicht nur beim Kindergeburtstag! Man kann aus einem Ei und einer Tomatenhälfte mit Mayonnaise-Tupfern einen Fliegenpilz zaubern, Frischkäse mit Salzstangen zum Igel machen, aus Melonen Schiffe mit Fähnchen schneiden oder einfach Grießbrei mit einem Zimtmuster verzieren.

Prickelndes Vergnügen

Brausepulver zum Herstellen von Limonade ist längst aus der Mode gekommen. In manchen Lebensmittelläden findet man aber noch das Pulver fürs prickelnde Vergnügen. Das läßt Kindern das Wasser im Mund zusammenlaufen: Brause mit der Zunge aus der Hand oder vom Arm lecken, nur wenige Körnchen oder einen ganzen Teelöffel voll Brause in den Mund nehmen, den sprudelnden Mund im Spiegel anschauen…

Joghurt-Variationen

Joghurt eignet sich hervorragend zum Experimentieren mit verschiedenen Geschmäckern. Die Kinder können selbst Mischungen erfinden und ausprobieren: Joghurt mit Honig, Marmelade, Obst, Rosinen, mit Zimt und Zucker oder aber mit Zwiebeln, Kräutern, Knoblauch, Essig, Salz und Pfeffer?

So lernen sie alle möglichen Variationen von süß oder süßsauer bis salzig und scharf kennen.

Ideenkiste

Wie man mit Kindern noch auf den
Geschmack kommen kann:

- Ein Würstchen in Senf oder Ketchup tunken und die Kinder mit verbundenen Augen abbeißen und raten lassen

- Das Mittagessen nur durch Riechen erraten lassen

- Lieblingsspeisen aufzählen oder Quatschgerichte wie „Spinnen mit Speck" ausdenken

- Einen Wochenmarkt besuchen und die Waren an den verschiedenen Ständen erschnuppern

- Ein Kräuterbeet anlegen oder Kräuter in Töpfen aussäen

- Aus getrockneten Kräutern selbst Mischungen für Gesundheitstees herstellen

- In einem Teeladen schnuppern und verschiedene Teesorten aussuchen

- In der Drogerie eine besonders gut riechende Seife aussuchen

- Schokoladen- und Vanillepudding kochen, mit verbundenen Augen je einen Löffel essen und raten, welche Sorte es ist

- Das Märchen vom süßen Brei oder vom Schlaraffenland erzählen

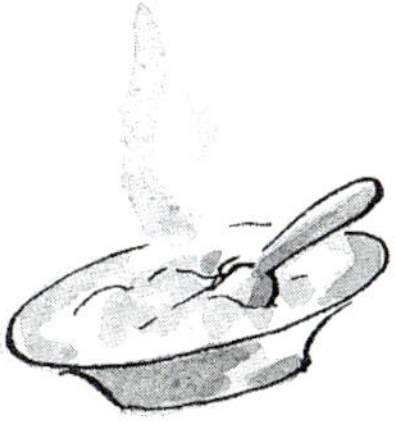

- Gerüche auf einem Bauernhof oder im Zoo sammeln

Spielraum für die Sinne
Was Kinder zum Entdecken brauchen

Wer das Radfahren nicht ausprobiert, wird es nie lernen. Wer nur einmal im Jahr kocht, kann kein Meisterkoch werden. Wer sich nicht bewegt, bleibt unbeweglich. Mit den Sinnen ist es ähnlich. Nur was immer erprobt und benutzt wird, kann auch reifen und sich entwickeln. Kurz: Übung macht den Meister!

Kinder brauchen keine großen Lehrmeister, keine Lektionen und schon gar kein Lernprogramm für ihre Sinne. Aber sie brauchen viel Spielraum! Dann können sie aktiv sein und selber lernen.

Viel Platz und Angebote zum Entdecken – das ist der Rahmen für eine sinn-volle Entwicklung. In einer Woh-

nung nach dem Prinzip „Rühr-mich-nicht-an" können Kinder nur stillsitzen. In einem Haus, das immer piekfein aufgeräumt sein muß, können sie nichts entdecken. Wenn ihnen alle Schränke und Schubladen verwehrt sind, versperrt man ihnen auch den Zugang zum Erfinden, Experimentieren, Spielen, Üben. Auf einem Spielplatz, wo nur eine Schaukel steht, müssen sich Kinder bald langweilen. In einem Garten, in dem hauptsächlich „Betreten verboten" ist, können sie nichts erkunden.

„Bitte nicht berühren!" Dieser Hinweis gehört ins Museum, aber nicht in ein Haus mit Kindern. Natürlich müssen gefährliche und für Kinder nicht geeig-

nete Dinge sicher und außer Reichweite verwahrt sein. Was aber eine Wohnung, ein Küchenschrank oder ein Keller zum Spielen bietet, das sollten Kinder auch benützen dürfen.

Krimskrams ist für Kinder unendlich anregend und wertvoll. Sie sind selbst begeisterte Sammler und werden an allen möglichen Orten fündig. Man braucht also weder viel Geld noch viel Fachwissen, um Spielanreize für alle Sinne zu geben. Stellen Sie einfach Platz und Material bereit! Die Kinder werden selbst das Beste daraus machen.

Eine Schachtel voller Knöpfe zum Beispiel lädt zum Sortieren und Vergleichen, zum Tasten, Hören und Bauen und Basteln ein.

Hier sind noch ein paar Ideen

- Stoffsack: dicke und dünne, weiche und harte Stoff- und Wollreste, Bänder, Bordüren, alte Taschentücher, Waschlappen oder Handtücher…

- Papierfach: alle möglichen Papiersorten, alte Zeitungen und Kataloge, Papierservietten, Alufolie, Butterbrotpapier, Karton, Postkarten…

- Rollen und Röhren: leere Rollen von Haushalts- oder Toilettenpapier, Garn- und Geschenkbandrollen, Versandrollen, Trinkhalme, Schlauchstücke, Reste von Kabelrohren…

- Naturkiste: Blätter, getrocknete Blüten, Baumrinde, Moos, Kastanien, Eicheln, Aststücke, Gräser, Federn…

- Hüpf- und Kuschelecke: Matratzen, Kissen, Decken, Leintücher, Stofftiere, alte Polster…

- Dosen- und Schachtelsammlung: Pillen-und Kosmetikdosen, leere Zündholzschachteln, Schuhkartons, Verpackungsschachteln, Zigarrenkisten, Tabakdosen…

- Kullerkorb: Murmeln, Steine, Kastanien, Tischtennisbälle, Stoffbälle, Gummibälle, Wattekugeln, Perlen, Kugeln aller Art…

- Krimskrams: Korken, Kronenkorken, Gummiringe, Stifte, Pinsel, kleines Werkzeug, kleines Spielzeug… und alles, was zum Wegwerfen zu schade ist

- Schatztruhe: alte Ringe, Armreifen, Münzen, Taschenspiegel, Perlen, Glas-kugeln, Pelzstücke, glänzende Federn, Silberfolie… und einfach alles, was den Kindern wertvoll ist

Spielzeug für die Sinne
Was man alles selbermachen kann

Spielzeug zum Tasten, Hören, Sehen und zum Bewegen kann man zwar kaufen. Die Angebote sind allerdings nicht immer originell, und das meiste ist sehr teuer. Selbstgemachte Sinnes-Spiele haben dagegen einen unschätzbaren Vorteil: Sie gewinnen ihren Wert eben durchs Selbermachen. Bei der Herstellung können die Kinder mithelfen, und schon da ist eine Menge an Sinneserfahrungen dabei. Und Spaß beim gemeinsamen Tun!

Hier sind einige Vorschläge für Spielsachen, die alle Sinne ansprechen.

Fühlkärtchen

Man schneidet möglichst viele Quadrate aus Karton zurecht. Je zwei Kärtchen werden mit dem gleichen Material beklebt: Stoff, Wolle, Watte, Leder, Schaumgummi, Seidenpapier, Sandpapier, Kork und vieles mehr eignen sich. Beim Tastspiel geht es darum, mit verbundenen Augen immer zwei gleiche Fühlkärtchen zu finden.

Sockenschachtel

Sie brauchen einen Schuhkarton oder eine Schachtel und einige alte Socken, deren Spitze abgeschnitten wird. Die Schachtel wird bunt beklebt oder bemalt. In die Längsseiten schneidet man zwei, drei oder vier Löcher – etwa so groß, daß eine Hand hindurchgeht. Die Socken werden mit dem Rand in diese Löcher eingepaßt und festgeklebt oder mit ein paar Stichen angenäht. Jetzt können die Kinderhände durch diese „Sockenschläuche" in die Schachtel schlüpfen und den Inhalt ertasten. Man kann mit einer Hand oder mit beiden hineingreifen, und vier Kinderhände können auch gleichzeitig auf Tastreise gehen oder sich in der Schachtel „Guten Tag" sagen.

Knopf-Paare

Zwei lange Stoffstreifen und viele verschiedene Knöpfe oder Schnallen in zweifacher Ausführung brauchen Sie für dieses Fühlspiel. Die Knöpfe werden längs untereinander auf die beiden Stoffstreifen genäht – und zwar so, daß je zwei gleiche Knöpfe auf beiden Streifen vorkommen, aber unterschiedlich angeordnet sind. An einem Rundholz aufgehängt, sind die Knopf-Streifen sogar ein schöner Wandbehang, der die Kinder immer wieder zum Tasten reizt: Mit beiden Händen sollen sie rechts und links die gleichen Knöpfe zusammenfinden.

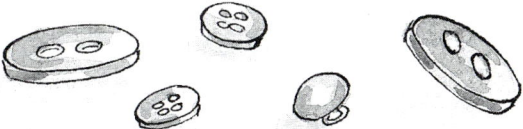

Formenspiel für die Hände

Ein ähnliches Spiel zum Paaresuchen können Sie so herstellen: Sie bekleben jeweils zwei Kärtchen mit der gleichen Form aus Sandpapier: Dreiecke, Kreise, Quadrate, Rechtecke oder Hausformen können die Kinder gut ertasten. Es muß wiederum immer ein Paar gefunden werden.

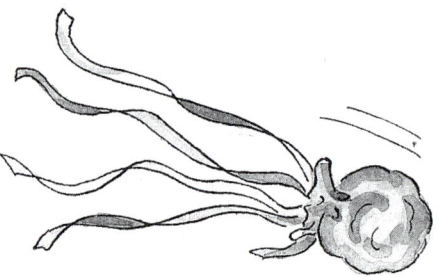

Rasselbüchsen und Hördosen

Spielzeug für die Ohren ist schnell gemacht: einfach Dosen, Schachteln, Joghurtbecher oder Gläser mit verschiedenem Inhalt füllen: Würfel, Bauklötze, Tannenzapfen, Kronenkorken, Reis, Sägespäne – alles Mögliche kann benutzt werden, wenn es nur beim Schütteln ein markantes Geräusch gibt. Da können die Kinder je nach Spielidee die Ohren spitzen, gleiche Geräusche suchen oder Musik machen.

Versteck-Säckchen

Tücher oder kleine Säckchen sind schnell genäht. Man kann sie immer wieder für Versteck- und Tastspiele benutzen und dabei außen oder innen tasten. Säckchen in verschiedenen Farben eignen sich gut für Farben- und Merkspiele: In welchem Säckchen ist welcher Gegenstand versteckt?

Wurfschleuder

Alte Stoffreste werden zu einer Kugel – etwa in der Größe eines Tennisballs – zusammengeknüllt. Man umwickelt die Kugel mit einem Stück Stoff und bindet das Ganze so zusammen. Viele bunte Bänder werden jetzt noch festgebunden, und fertig ist die Wurfschleuder. Die Kinder können damit ihre Kraft erproben und versuchen, möglichst weit zu werfen. Man kann aber auch ein Ziel bestimmen, wo die Wurfschleuder landen soll.

Gefüllt und zugenäht

Kleine Säckchen werden gefüllt und zugenäht. Als Füllmaterial eignen sich Reis, Maiskörner, Erbsen, Kies, Sand, Styropor… Es macht spaß, die Säckchen zu kneten, zu werfen und aufzufangen oder den Inhalt zu vergleichen: Was ist schwerer, was leichter? Was fühlt sich am schönsten an? Welche Geräusche machen die Säckchen? Für Schnuppernasen kann man auch ein paar Riechsäckchen mit Lavendel, Rosenblättern, Veilchen oder Gewürznelken füllen.

Puzzles für jedes Alter

Im Nu entsteht ein Puzzle: Zerschneiden Sie einfach alte Ansichtskarten, schöne Kalenderblätter oder lustige Zeitschriftenseiten! Wenn Sie das Ganze auf Karton aufkleben und mit Klebefolie überziehen, wird es haltbarer. Selbstgemachte Puzzles haben den Vorteil, daß man sie regelrecht auf das Alter und die Fähigkeiten der Kinder zuschneiden kann. Aber Achtung: Die gerade zerschnittenen Teile sind schwieriger zusammenzusetzen als die gestanzten Puzzles aus dem Spielzeughandel. Probieren Sie einfach aus, wieviele Teile Ihr Kind schafft, und steigern Sie die Anzahl allmählich!

Hörbrillen

Bei vielen Tast- und Hörspielen dürfen die Kinder nichts sehen. Wenn die Augen verbunden werden, sind freilich auch die Ohren verdeckt, auf die es schließlich ankommt. Besser sind deshalb „Hörbrillen": Masken für die Augen, die aber die Ohren freilassen. Wer gerne malt und ein bißchen ausprobiert, der bringt sicherlich lustige Tiermasken zustande – zum Beispiel die Katze Goldohr, die besonders gut hört. Mit Federn, Fell oder Glitter verziert, sind die Masken gleich nochmal so schön. Mit einem Hutgummi werden sie befestigt. Eine ganz einfache Hörbrille entsteht außerdem aus einem alten Waschhandschuh, den man einmal längs faltet und mit einem Gummi umbinden kann.

Angelspiel

Die Herstellung eines einfachen und vielseitigen Angelspiels ist keine große Kunst. Für die Angeln nimmt man Rundstäbe, an denen eine Schnur mit einem Magneten am Ende befestigt wird. Magnete in allen Variationen gibt es im Bau- und Werkzeughandel. Eine große bemalte Schachtel wird zum Aquarium. Die Beute in der Schachtel sind selbstgemalte kleine Bilder oder Kärtchen, an denen jeweils eine Büroklammer befestigt wird.

Kriechtunnel

Höhlen, Röhren und Tunnels werden von Kindern heiß geliebt. Aus Umzugskartons läßt sich zum Beispiel ein richtiger Kriechtunnel zusammenbauen. Deckel und Böden werden entfernt oder nach innen geklappt. Wenn man die Kartons aneinanderreiht und vielleicht noch mit Klebeband aneinander befestigt, entsteht ein dunkler Tunnel zum Durchkriechen, Durchschieben und Verstecken. Der sieht natürlich viel schöner aus, wenn er mit bunten Farben bemalt ist.

Becher-Telefon

In die Böden von zwei Joghurtbechern bohrt man jeweils ein Loch. Eine lange Schnur wird am Anfang verknotet, durch beide Löcher gezogen und wieder verknotet. Wenn man die Schnur spannt, können zwei Gesprächspartner per Becher miteinander telefonieren.

Murmel-Labyrinth

Der Deckel eines großen Schuhkartons ist die Grundfläche des Labyrinths. Ein Irrgarten wird darin aufgebaut und festgeklebt: Bahnen und Irrwege aus Pappe, außerdem ein kleiner Turm aus einer Papprolle mit einem Torbogen als Ziel. Eine Murmel soll nämlich so geschickt im Deckel bewegt werden, daß sie am Ende im Tor landet. Ein echter Balance-Akt! Mit Wasserfarbe bemalt, sieht das Labyrinth noch viel interessanter aus.

Abenteuer-Parcours

Auf manchem Abenteuerspielplatz kann man Ideen für die Sinne abgucken. Wenn Sie einen Garten oder einen Hof haben, bauen Sie doch für eine Kinderschar mal einen abenteuerlichen Parcours auf! Das alles kann man dabei verwenden: leere Getränkekisten oder Holzkisten, Bretter und Latten in allen Längen und Breiten, Seile, alte Autoreifen und -schläuche, Luftmatratzen, umgedrehte Konservendosen und alte Blecheimer. Balancierwege, steile Stege, Treppen, Hüpf- und Versteckburgen aus aufgetürmten Autoschläuchen, Schlauchinseln und Sprungbretter können daraus zusammengestellt werden. Mit Leerrohren aus dem Baumarkt kann man außerdem noch Kullerbahnen einbauen, durch die Murmeln oder Bälle in einen Eimer gerollt werden. Ein so anregender Parcours ist ein Fest für die Sinne!

Zum Hören und Musikmachen

Interessante Geräusche und Klänge erzeugen selbstgemachte Instrumente. Die folgende kleine Auswahl regt sicherlich zu vielen neuen Ideen an.

Heulschlauch:

Gerippte Kabelrohre, etwa 50 cm bis 1 m lang, geben die erstaunlichsten Geräusche von sich. Man muß sie nur an einem Ende festhalten und in unterschiedlicher Geschwindigkeit im Kreis herumschwingen.

Schepperzweig:

Man bohrt mit Nägeln Löcher in Kronenkorken. Durch die Löcher zieht man eine Schnur und verknotet sie, damit sie nicht durchrutscht. Möglichst viele dieser scheppernden Anhängsel werden an einen kleinen Zweig gehängt.

Geräuschballon:

Mit gefüllten Luftballons kann man Musik machen, Geräusche unterscheiden oder einfach Fangen und Werfen spielen. Als Füllmaterial eignen sich zum Beispiel Reiskörner, Kies, Perlen, Knöpfe oder Büroklammern.

Knopf-Tambourin:

Man fädelt Knöpfe auf eine Nylonschnur und befestigt diese dann rundherum am Rand einer Käseschachtel oder am Deckel einer Waschmitteltonne. Das Knopf-Tambourin wird zum besten Rhythmus-Instument, wenn man es schüttelt.

Raschelrohr:

Eine leere lange Papprolle – zum Beispiel von Haushaltstüchern – wird an einem Ende zugeklebt. Man füllt die Rolle mit Sand oder Reis und verschließt die andere Öffnung ebenfalls fest. Wenn man das Rohr nun hin- und herkippt und bewegt, gibt´s schöne Raschelgeräusche.

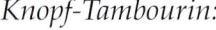

Zum Kneten und Knautschen

Man kann Knetmasse kaufen, genausogut aber auch verschiedene Materialien zum Kneten und Knautschen, Auswellen und Ausstechen selbst herstellen. Hier sind einige Rezepte:

  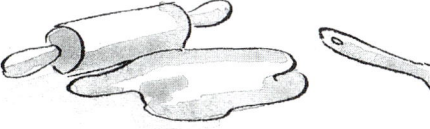 

- *Salzteig:*

  Auf eine Tasse Mehl und eine Tasse Salz kommt etwa eine halbe Tasse Wasser. Ein paar Tropfen Öl machen den Teig geschmeidiger.

- *Sägemehlteig:*

  Sägemehl – man bekommt es in Schreinereien – wird mit zähflüssigem Tapetenkleister angerührt. Etwas Holzleim muß noch dazu, damit die Masse nach dem Trocknen fest bleibt.

- *Farbiger Knetteig:*

  Man vermischt 400 Gramm Mehl, 200 Gramm Salz und zwei Eßlöffel Alaunpulver (aus der Apotheke). Angerührt wird das Ganze mit einem halben Liter kochendem Wasser, in das man vorher drei Eßlöffel Öl und einen Eßlöffel Lebensmittelfarbe (aus der Drogerie) gibt. In Plastiktüten oder gut verschließbaren Dosen hält sich der Teig mehrere Wochen.

- *Bienenwachs:*

  Wenn man Wachs im Wasserbad erhitzt, läßt es sich besser kneten. Man sollte außerdem etwas Vaselinöl (aus der Apotheke) dazugeben, die Maus wird geschmeidiger.

- *Pappmache:*

  Zeitungsseiten oder auch einige Eierkartons werden in ganz kleine Stücke zerrissen und in Wasser eingeweicht. Die nasse Mischung soll einige Tage quellen. Dann kommt dickflüssiger Tapetenkleister hinzu, bis die Masse zum Kneten und Formen geeignet ist.

- *Marzipanteig:*

  Eine ganz besondere und sehr schmackhafte Knetmasse – zum Beispiel zur Weihnachtszeit – ist Marzipanteig. Man verknetet 450 Gramm Marzipan-Rohmasse mit etwa 250 Gramm Puderzucker. Mit Eiweiß kann man einzelne Teile zusammenkleben.

Fingerpuppen

Fingerpuppen kann man in allen möglichen Variationen selbst herstellen. Hier sind einige Beispiele.

- *Filz-Puppen:*

  Man schneidet einfache Figuren wie Ente, Hase oder Katze zweifach aus Filz aus und näht die Formen zusammen, so daß unten eine Öffnung für den Finger bleibt.

- *Finger-Hüte:*

  Man malt Gesichter auf die Fingerkuppen und stellt einfache Kopfbedeckungen her: ein Kopftuch aus Stoff, Hüte aus kleinen Papprollen oder zusammengeklebtem Papier, eine Krone aus Goldfolie, eine Mütze aus der abgeschnittenen Spitze eines alten Fingerhandschuhs, ein Ring mit Federn als Indianerschmuck, ein Strohhut aus Strohhalmen.

- *Schachtel-Köpfe:*

  Man bemalt und beklebt kleine Schachteln, so daß sie zu lustigen oder wilden Köpfen werden. In den Schachtelboden schneidet man ein fingerdickes Loch, so daß die Köpfe auf die Finger gesteckt werden können.

- *Papier-Hütchen:*

  Ganz einfach ist diese Version: Ein an einer Seite gerundetes Papier-Dreieck von etwa 10 cm Seitenlänge wird zur Tüte gerollt und zusammengeklebt. Beim Bemalen und Schmücken sind der Phantasie keine Grenzen gesetzt.

- *Woll-Puppen:*

  Wer gerne strickt, hat im Nu eine Menge lustiger Woll-Puppen gezaubert. In der Dicke eines Kinderfingers wird ein gestricktes Rechteck seitlich und oben zusammengenäht. Man stopft den Kopf mit Watte aus, bindet den Hals ab und gestaltet die Fingerpuppen nach Belieben: Räuber, Prinzessin, Clown, Opa oder Löwe, Maus und Bär.

Wenn etwas nicht stimmt

Martin, vier Jahre alt, ist ein freundliches, lustiges Kind. Seine Bewegungen aber sind auffällig: Sein Gang wirkt wacklig, er geht manchmal auf den Zehenspitzen, beherrscht den Wechselschritt beim Treppensteigen noch nicht und erwischt kaum einen Ball, den man ihm zuwirft. Peter, ebenfalls vier, kann ausdauernd und ideenreich spielen. Aber er spricht nur wenig und sehr undeutlich, Fremde verstehen ihn kaum. Zwei Kinder, die in ihrer Entwicklung hinterherhinken. Woran kann das liegen und was kann man tun?

Die Sinne sind ein riesiges, kompliziertes und empfindliches System. Auf jeden Fall müssen die Sinnesorgane intakt sein. Das sollte deshalb zuallererst geklärt werden. Es ist wichtig zu wissen, ob Martin gut sieht und ob Peters Gehör in Ordnung ist. Augen und Ohren werden normalerweise bei den Vorsorgeuntersuchungen überprüft. Beim Verdacht auf Störungen hilft der Augenarzt oder der HNO-Arzt weiter.

Wenn Kinder oft erkältet sind, wenn sie immer durch den Mund atmen oder häufig Ohrenschmerzen haben, sollten die Eltern besonders hellhörig sein und für eine Kontrolle der Ohren sorgen: Eine minimale Einschränkung des

Gehörs kann sich nämlich schon auf die Sprache auswirken.

Wenn etwas nicht stimmt, so muß das aber nicht nur an einem einzelnen Sinn oder Sinnesorgan liegen. Auch das prompte Zusammenspiel der Sinne kann betroffen sein. Irgendwo im großen Bereich der Wahrnehmung den „wunden Punkt" zu finden – das ist die Aufgabe von Fachleuten. Die Ursachen für Störungen der Sinne sind nur schwer zu ergründen. Sie können schon in der Schwangerschaft liegen oder in der Zeit während und nach der Geburt. Wie bei allen Problemen gilt aber auch hier: Je früher geholfen wird, desto größer ist die Aussicht auf Erfolg.

Beobachten Sie Ihr Kind gelegentlich, vergleichen Sie es mit Gleichaltrigen! Das heißt nicht, daß Sie es überwachen und nur noch kritisch anschauen sollen. Nur aufmerksam sollten Sie sein – und natürlich auch das sehen, was Ihr Kind gleich gut oder sogar besser kann als seine Altersgenossen.

Störungen der Sinne erkennt man oft an den Bewegungen eines Kindes. Die folgenden Beobachtungen bei Drei-, Vier- und Fünfjährigen sind nur einige mögliche Formen und Anhaltspunkte.

Zum Beobachten

☐ Wirken die Bewegungen des Kindes plump, unbeholfen oder schwerfällig? Oder eher ungezielt, zappelig und fahrig?

☐ Tut sich das Kind beim Hüpfen, Ballfangen, beim Dreiradfahren oder beim Klettern auf Möbel und Spielgeräte auffallend schwer?

☐ Stolpert das Kind häufig? Rennt es gegen Hindernisse, ohne sie zu sehen? Plumpst es oft auf den Boden, ohne sich abzustützen?

☐ Findet sich das Kind im Raum schlecht zurecht? Oder bringen schon kleine Veränderungen es aus der Fassung?

☐ Läßt sich das Kind nicht gern streicheln und anfassen? Reagiert es „allergisch" auf Körperkontakt und auf die Nähe von anderen?

☐ Schüttet das Kind beim Einschenken immer daneben? Findet es die Knopflöcher nie? Malt es immer übers Papier hinaus?

☐ Geht das Kind lebhaften Aktionen und Bewegungen aus dem Weg oder ist es ohne Unterlaß in Bewegung?

☐ Verkrampft sich die Hand, wenn das Kind einen Stift hält? Zerreißt oft das Papier beim Malen?

☐ Sitzt das Kind beim Malen immer schief am Tisch und legt den Kopf fast auf die Tischplatte?

☐ Vergißt das Kind häufig, was es sagen wollte?

☐ Hält sich das Kind manchmal die Ohren zu, wenn die Lautstärke steigt oder viele Geräusche gleichzeitig zu hören sind?

☐ Führt das Kind Aufträge häufig falsch aus? Oder vergißt es immer, was ihm aufgetragen wurde?

☐ Kann sich das Kind nur sehr kurz mit einem Gegenstand beschäftigen? Läuft es immer von einem Spielzeug zum anderen, ohne ein Spiel zu beenden?

Wenn manche Bewegungen oder Verhaltensweisen Ihres Kindes Ihnen auffällig oder „verdächtig" vorkommen, dann suchen Sie das Gespräch und den Rat von Fachleuten!

Falls Ihr Kind in den Kindergarten geht, sollten Sie auf jeden Fall die Erzieherin nach ihren Beobachtungen fragen.

Der Kinderarzt ist außerdem wichtiger Ansprechpartner. Er kann, falls nötig, über Behandlungsformen informieren und Ihnen mit den Adressen von entsprechenden Stellen weiterhelfen. Vielerorts gibt es Einrichtungen der Frühförderung, die Kinder von 0 – 6 Jahren betreuen. Dort bekommen Sie Auskunft und Beratung, Sie können Ihr Kind zur Überprüfung vorstellen und sich mit den Fachkräften besprechen.

Ergotherapie heißt eine Behandlungsform für Störungen und Rückstände in der Entwicklung. Die Arbeit mit den Sinnen ist für Ergotherapeuten ein Schwerpunkt. Krankengymnastik oder Heilpädagogik sind weitere Angebote für Kinder mit Wahrnehmungs- und Bewegungsproblemen.

Auf jeden Fall gilt: Frühe Hilfe nutzt am meisten. Und durch Wegschauen, Verdrängen, durch Scheu vor Gesprächen oder aber durch langes Zuwarten und Hoffen leidet am Ende nur Ihr Kind.

Zum Schluß:
Ein Waldspaziergang

Stellen Sie sich vor: Sie unternehmen mit Ihrem Kind einen Spaziergang durch den Wald. Eine ganze Stunde lang durchforsten Sie zusammen ein kleines Waldstück.

Ihr Kind läuft über den federnden Moosboden, hopst und hüpft auf der nachgiebigen Unterlage. Es sammelt kleine Äste und Stöcke, entdeckt einen entwurzelten Baum und untersucht das Wurzelwerk genau mit Händen und Füßen. Ein kleiner Käfer krabbelt ihm vielleicht über die Finger – das kitzelt! Sie entdecken ein großes Loch, das in den Boden führt: die Höhle eines Fuchses? Sie lauschen beide hinein, aber da ist es ganz still. Dafür hört man die Vögel umso lauter zwitschern. Bei einem Stapel frisch geschlagener Stäm-

me riecht man noch ganz intensiv den Harz- und Holzgeruch. Ihr Kind klettert auf den Holzstoß, balanciert mit ausgebreiteten Armen über einen langen Stamm und läßt sich dann von Ihnen auffangen. Es sieht die Ringe an den Schnittstellen der Stämme und versucht, sie mit dem Finger nachzufahren. Es findet Rindenstücke, trockene Blätter, Tannenzapfen und alte vertrocknete Früchte – lauter Schätze, die man mit nach Hause nehmen kann.

Jede Minute dieser Stunde ist ein kleines Abenteuer. Eine Stunde voller Entdeckungen – und ein Fest für die Sinne!

Stellen Sie sich vor, Ihr Kind hätte diese Stunde vor dem Fernseher verbracht!